Lungsiatna:
Daan Juihkimna

Lungsiatna:
Daan Juihkimna

Dr. Jaerock Lee

Lungsiatna: Daan Juihkimna A gialtu Dr. Jaerock Lee
A suahtu Urim Books (Palai: Johnny H. kim)
73, Yeouidaebang-ro 22-gil, Dongjak-gu, Seoul, Korea
www.urimbooks.com

A neitu hihna khaam veh ahi. Hi lehkhabu chu a pumpi hi'n a bawngkhat hitaleh a suahtu phalna bei a bangchizawng ahakhat a teisawn ahiai ahihlouhleh electronik, limnamdoh, khumthoh, ahihlouhleh sil dang zanga suahkhiat phal ahi sih hi.

Copyright © 2016 neitu Dr. Jaerock Lee
ISBN: 979-11-263-1285-6 03230
Lehdohtheihna Copyright © 2013 neitu Dr. Esther K. Chung. Phalna toh kizang ahi.

April 2016 a Suahkhiat Masapen

A masa a Korea haam a Urim Books in 2009 kum a, a sut ahi.

Endihtu Dr. Geumsun Vin
A Cheimawitu Urim Books Editorial Bureau
Tanchin kimzaw heetna diingin urimbook@hotmail.com toh kithuzah in.

*"Lungsiatna in a innveengte a bawlse sih a;
hujiahin lungsiatna chu daan juihkimna ahi."*

(Romte 13:10)

 Thumapui

Hagaulam lungsiatna tungtawn a, a simtute'n Jeruslem Thah a tan uh kinem in

UK gam a phatna kompani khat in mipite kawm ah dotna khat bawl in Edinburgh, Scotland apat a London, England tan zinna diinga a gangpen bang ahiai chih a pia uhi. A dawnna kitelkhe penpen kipaahman liantah piaah diingin zong a chiam uhi. A dawnna kiteldoh chet khu chu 'a itpen toh zinkhawm diing' chih ahi. I itpen toh i zinkhawm va ahih ahihleh, a gamlapen zong nai i sa uh chih i hechiat uhi. Huchimahbangin, Pathian i lungsiat va ahihleh, A Thu juih a hahsa sih hi (1 Johan 5:3). Pathian in hahsatna hung tut diingin Daan leh A thupiaahte ahung piaah ahi sih hi.

'Daan' chih thumal chu Hebrai haam 'Torah' chih apat hung piangdoh ahi a, a umzia chu 'thupiaahte,' huleh 'kithuhilhna' chihna ahi. Torah in a taangpi in Thupiaah Sawmte telna Pentateuh (Mosi lehkhabu ngate) a kawh deuh hi. Hizongleh, "Daan" in Bible pumpi bu 66 te, ahihlouhleh Pathian thupiaah silkhat bawl diing, bawllouh diing, ahihlouhleh koihmang diing chihte hung hilhtu, chihte zong a kawh hi. Mite'n lungsiatna leh Daan in kizopna nei lou bangin a ngaihtuah maithei uhi, hizongleh a nihin a khen theih sih hi. Lungsiatna chu Pathian a ahi a, huleh Pathian lungsiat lou in Daan chu a buching in i jui thei sih hi. Daan chu lungsiatna toh i juih chiang chauh in a bukim thei hi.

Lungsiatna silbawltheihna hung lah tangthu khat a um hi. Tangval khat lenna neu khat gamdai tunga a len laiin a kia hi. A pa chu mihausa mahmah khat ahi a, huchiin a tapa hawl diingin mi a guai a, hizongleh a lohsam hi. Huchiin gamdai ah a maktaduai a sim lehkha a thehdalh hi. A lehkha a bang ahiai kigial chu 'Tapa, ka hung lungsiat hi.' A tapa, gamdai a vaah lehleh a um in, khat ana mukha a, hukhu jala tha ngah in huchiin a tawp in hutkhiah in ahung um uhi. A pa lungsiatna dihtah in a tapa a hundam hi. A pa in gamdai pumpi a, a lehkha hawmdoh bangin, eite'n Pathian lungsiatna hagau simseenglouhte kawma thehdalhna diing mohpuaahna i nei uhi.

Pathian in A lungsiatna chu misualte hutdamna diinga hih leitung a, A tapa tang neihsun ahung sawlna ah A chiangsah hi.

VIII

Lungsiatna: Daan Juihkimna

Hizongleh Jesu hun laia daanmite Daan chauh a poimoh ngaih va huleh Pathian lungsiatna dihtah a hesiam sih uhi. Huchiin, Pathian Tapa neihsun, Jesu, Pathian soisia a Daan subeitu ahi chia mohpaih in huleh a kilhbeh uhi. Amaute'n Daan Pathian lungsiatna kiphuum a hesiam sih uhi.

1 Korinthete bung 13 ah 'hagaulam lungsiatna' etsahna hoihtaha latsahna ahi. Hikhu in Pathian sualna jala si diinga um eite hutdohna diinga A Tapa neihsun hung sawl lungsiatna toh kisai, huleh Lalpa A vaangam loupina nusia leh kross a sihna tanpha thuaahna toh hung itpa lungsiatna toh kisai ahung hilh hi. Khovel a hagau mangthang diing simseenglouhte kawma Pathian lungsiatna thu i soi nuam va ahihleh, hih hagaulam lungsiatna i heetdoh va huleh i hinkhua va i juih diing uh ahi.

"Thupiaah thah ka hung pia hi, Khat le khat kilungsiat un; Ke'n nanguh ka hung lungsiat bangin, nanguh zong khat le khat kilungsiat un. Khat le khat na kilungsiat u'leh mi zousiahin ka nungjuite nahi uh chih hikhu ah ahe diing uhi, achi a" (Johan

13:34-35).

Tuin hih lehkhabu chu ahung kisuahdoh hi huchia a simtute'n bangtan chianga hagaulam lungsiatna chituha huleh bangtan chianga thutah toh amau leh amau kiheng ahi viai chih a kienchian theita uhi. Geumsun Vin, editorial bureau a director huleh a seppihte tung ah kipaahthu ka soi hi, huleh simtute zousiah in lungsiatna toh Daan a juihkim va huleh a tawp chianga Jerusalem Thah, vaangam tenna munte a kilawmpen a neih uh chu ka kinepna ahi.

Jaerock Lee

Thupatna

Pathian thudih tungtawn a simtute chu lungsiatna bukim chituhna tungtawn a ahung kihen uh kinem in

TV channel khat in pasal neisa numeite kawm dotna a bawl hi. Dotna chu a pasal nei kiit diing hi uleh a pasal mah uh a tel kiit thei diviai chih ahi. A muhdoh uh chu chizathuaitah ahi. 4% chauh in a pasal ngeimah uh a nei kiit diing uh a chi uhi. A pasal ngeimah uh chu a lungsiat jiah va a neih kiit diing uh ahi, huleh bang diinga a lungsim uh heng diing ahi viai? Hikhu jiah chu hagaulam lungsiatna toh a lungsiat louh jiah uh ahi. Hih lehkhabu Lungsiatna: Daan Juihkimna in hih hagaulam lungsiatna toh kisai ahung hilh diing hi.

Khen 1na "Lungsiatna Poimohna" ah, lungsiatna chi tuamtuam zi leh pasal, nulepate leh tate, huleh lawmta leh inveengte kikal a kimute a soi a, huchiin tahsalam lungsiatna leh hagaulam lungsiatna kibatlouhna toh kisai ngaihdan ahung pia hi. Hagaulam lungsiatna chu midang khat bangmah amah apat hung kileh diing lametna um lou keei a lungtang kiheng lou a lungsiatna ahi. A lehlam ah, tahsalam lungsiatna chu hun tuamtuam leh mun tuamtuam ah a kiheng jel a, huleh hikhu jiahin hagaulam lungsiatna chu a manpha in a kilawm hi.

Khen 2na "Lungsiatna Bung bangin Lungsiat in," chih in 1 Korinthete 13 chu khen thum in a khen hi. Khen khatna, 'Pathian in A Lunggulh Lungsiatna' (1 Korinthete 13:1-3), chu hih bung thupatna hagaulam lungsiatna poimohna khawhtaha soitu ahi. Khen nihna, 'Lungsiatna Umziate' (1 Korinthete 13:4-7), chu Lungsiatna Bung lailungpen ahi a, huleh hikhu in hagaulam lungsiatna umzia 15 ahung hilh hi. Khen thumna, "Lungsiatna Bukim,' chu Lungsiatna Bung, hih leitung a i hin sunga vaan lalgam lam manoh a kal i suan laia tomkhat a diinga poimoh ginna leh kinepna ahi a, huchih laiin lungsiatna chu vaan lalgam tanpha ah kumtuang in a um hi.

Khen 3na, 'Lungsiatna chu Daan Juihkimna ahi,' chih in lungsiatna toh Daan juihkim chih bang ahiai chih a hilhchian hi. Hikhu in zong Pathian hih leitung a mihingte chituhtu lungsiatna leh Khrist eite a diinga hutdamna lampi hung honsahtu lungsiatna a soi hi.

'Lungsiatna Bung' chu Bible a bung 1,189 te laha bung khat chauh ahi. Hizongleh hikhu chu gou kikholna mun gou tamtah umna hung hilhtu tobang ahi, ajiahchu hikhu in a bukim in Jerusalem Thah zotna lampi ahung hilh hi. A lampi hung lahtu nei in huleh a lampi he zonglei, a lampi hung kilah i juih tuan louh a ahihleh a phatuam sih diing hi. Chihchu, hagaulam lungsiatna i sepdoh louh a ahihleh a phatuam sih hi.

Pathian chu hagaulam lungsiatna ah a kipaah a, huleh hih hagaulam lungsiatna chu Pathian Thu Thutah khu bang chiang za leh jui i hiai chih ah a kinga hi. Hagaulam lungsiatna khatvei i neih kalsiah, Pathian lungsiatna leh gualzawlna i tang thei va, huleh Jerusalem Thah, Vaangam a tenna mun kilawmpen ah a tawp chiangin i luut hi. Lungsiatna chu Pathian in mihingte A siamna leh A chihtuhna jiah thupipen ahi. Simtute zousiah a masapen a Pathian a lungsiat va huleh amau mah banga a innveengte uh a lungsiat va huchia Jerusalem Thah suangmantam kotkhaah honna diing chabi a neih theih diing uh chu ka haamteina ahi.

Geumsun Vin
Editorial Bureau Director

A Sunga Thu Umte ～ *Lungsiatna: Daan Juihkimna*

Thumapui · VII

Thupatna · XI

Khen 1 Lungsiatna Poimohna

Bung 1 Hagaulam Lungsiatna · 2

Bung 2 Tahsalam Lungsiatna · 10

Khen 2 Lungsiatna Bung bangin Lungsiat in

Bung 1 Pathian in a Lunggulh Lungsiatna · 24

Bung 2 Lungsiatna Umziate · 42

Bung 3 Lungsiatna Bukim · 160

Khen 3 Lungsiatna chu Daan Juihkimna ahi

Bung 1 Pathian Lungsiatna · 172

Bung 2 Khrist Lungsiatna · 184

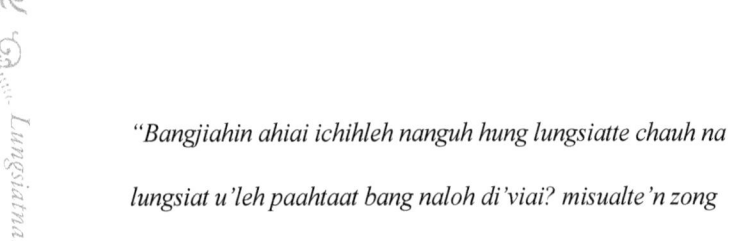

"Bangjiahin ahiai ichihleh nanguh hung lungsiatte chauh na lungsiat u'leh paahtaat bang naloh di'viai? misualte'n zong amahuh lungsiattute alungsiat uhi."

Luke 6:32

Khen 1
Lungsiatna Poimohna

Bung 1 : Hagaulam Lungsiatna

Bung 2 : Tahsalam Lungsiatna

Hagaulam Lungsiatna

"Deihtahte, khatle khat i kilungsiat diing uhi; ajiahchu lungsiatna Pathian a kuan ahi; huleh mi chin lungsiat siam photmah chu Pathian a piang ahi a, Pathian ahe hi. Lungsiatna neilou mi'n Pathian ahe sih; bangjiahin ahiai ichihleh Pathian chu lungsiatna ahi."

(1 Johan 4:7-8)

'Lungsiatna' chih thumal i zaah maimai zongleh i lungtang leh i ngaihtuahna a kinohsah mai hi. I hinkhua zousiah va mikhat i lungsiat a huleh amah toh kilungsiattuah a i um leh, hikhu kipaahna sangpen a dim hinkhua ahi diing hi. Khatveivei lungsiatna silbawltheihna jala dinmun hahsatah sihna tanpha palkai zou a huleh hinkhua nuamtaha hing mi khenkhat tanchin i za uhi. Lungsiatna chu hinkhua nuamtah zatna diinga a lou thei lou ahi; hikhu in hinkhua kihengsahthei silbawltheihna thupitah a nei hi.

The Merriam-Webster's Online Dictionary in lungsiatna chu 'kilaiguizopna ahihleh mimal kingaihnatna jala hung piang kingaihna liantah' ahihlouhleh 'ngaihsanna, phattuampihna, ahihlouhleh lunglutna kibat jiaha kingaihna' chiin a hilhchian hi. Hizongleh Pathian in lungsiatna A soi ahihleh lungsiatna sangzaw, hagaulam lungsiatna ahi. Hagaulam lungsiatna in midangte phattuamna diing a hawl hi; nuamna, kinepna, huleh hinna chu a kawm vah a piaah hi; huleh a kiheng ngei sih hi. Huban ah, hikhu in hih leitung hinkhua tomkhat i hin sung a diingin phattuamna ahung pe sih a, hizongleh hikhu in i hagau chu hutdamna lampi ah a pui a huleh kumtuang hinna ahung piaah hi.

Numei khat a Pasal Biaahinn a Puiluttu Tangthu

Numei khat a hinkhua a Khristian ginumtaha a hing khat a um hi. Hizongleh a pasal in biaahinn a kai diing a deih sih a huleh dinmun hahsatah ah a koih hi. Hutobang dinmun hahsa ah zong niteng in ziing thumkhawmna ah a chiah a, a pasal a diingin a haamteisah hi. Nikhat, a pasal keengtophah tawi in ziingkal baihtahin haamtei diingin a kuan hi. A awm a huh keengtophah pom in, mittui toh a haamtei hi, "Pathian, tuni in, hih keengtophah chauh biaahinn ahung kai hi, hizongleh, hun kiit ah, hih keengtophah neipa zong biaahinn hung kai heh."

Hun tomkhat zoh in sil limdangtah ahung tung hi. A pasal biaahinn ahung kai hi. Hih siltung chu hichibang ahi: Hun khat ah, a pasal nasem diinga inn apat a kuandoh teng in, a keengtophah chu lum a sa hi. Huleh nikhat, a zi a keengtophah toh khoitahahakhat a chiah a mu a, huleh a zui hi. Amahnu chu biaahinn ah a chiah hi.

Limdang a sa a, hizongleh a heet utna a bei sih hi. A keengtophah toh biaahinn a bang bawl ahiai chih muhdoh a sawm hi. A guuh a biaahinn a, a va lut chiangin, a zi in a awm a, a keengtophah pom in haamteina ana nei hi. A haamteina a gaalzaah a, a haamteina awsuah zousiah amah hoihna diing leh gualzawl a hihna diing ahi. A lungtang a koih a, huleh a zi ana bawldan zousiah chu pawi a sa mahmah hi. A tawp in, a pasal chu a zi lungsiatna jalin khoih in a um a, huleh Khristian ginumtah ahung suaah hi.

Mi zi tamtah hitobang dinmun a dingkhate'n hichibanga haamteina nei diingin ahung sawl veu uhi, "Biaahinn ka kai jiahin ka pasal in ahung subuai hi. Lungsiattahin ka pasal in ahung bawlkhel louhna diingin hung haamteipih in." Hizongleh ke'n kintahin ka dawng a, "Suhsiangthou in kintahin um inla huleh hagau ah um in. Huchi buaina suhvengna diing lampi umsun ahi." A pasalte uh kawm ah hagaulam lungsiatna chu a sual uh paihmang thei diing khop leh hagau a hung um diing khop a, a piaah diing uh ahi. Koi pasal in a zi amah a diinga a lungtang tengteng toh pang chu a tung ah hahsatna a tut diai?

Hun paisa ah, a zi in a pasal chu sil zousiah ah a ngoh maithei, hizongleh tuin thutah a kiheng in, amahnu zaw ahi a moh chia kiphuang in a kingaingiam hi. Huchiin, hagaulam vaah in mial chu a nohmang a huleh a pasal zong ahung kiheng thei hi. Koi in amah tunga hahsatna tuttu a diingin a haamteisah diai? Koi ahiai a innveeng don louh a um a diinga kipumpiaah a huleh amaute a diinga lungsiatna dihtah pedoh diing? Pathian tate Lalpa apat a lungsiatna dihtah zildoh in midangte kawm ah hutobang lungsiatna a pedoh thei hi.

David leh Jonathan Lungsiatna leh Kilawmtaatna Kihenglou

Jonathan chu Saul, Israel kumpi masapen tapa ahi. David in Philistinete gaalhaatpa, Goliatha, vaisuangseh leh suangtang khat a, a thah a muh chiangin, David chu Pathian hagau in tunna galhangsan ahi chih a he hi. Amah ngei zong sepaih houtu ahihna ah, Jonathan lungtang chu David hangsanna in a mantaangta hi. Hu a kipat in, Jonathan in David chu amah mah bangin a lungsiat a huchiin lawmta hihna haattah ahung siamdoh uhi. Jonathan in David a lungsiat mahmah a huchiin David a diing ahih photleh bangmah it a nei sih hi.

Huleh hichi ahi a, Saul kawma thu a soi zohtahin, Jonathan hinna leh David hinna a hung kizopta a, huleh amah hinna bangin amah alungsiat hi. Huni mahin Saul in amah a puuia, huleh apa inn lam ah apai sah phal nawn sih hi. Huchiin Jonathan leh David in thuhun a bawl va, amah hinna alungsiat banga a lungsiat jiah in. Huin Jonathan in a tunga lalpuante a suuta, David kawmah a pia hi, a puansilhte, a naamsau, huleh thalmung leh a kawnggaah zong a pia hi (1 Samuel 18:1-4).

Jonathan chu Kumpi Saul tapa masapen ahihjiahin laltouphah luahtu diing ahi a, huchiin ama'n David chu a huat theih mahmah ahi ajiahchu David hi mite'n a lungsiat mahmah uhi. Hizongleh ama'n chu kumpi hihna neih mawngmawng a lunggulh sih hi. Hizongleh Saul in a laltouphah amah a diinga kepbit a ut jiahin David thah a tum a, Jonathan in David hutdamna diingin amah hinkhua nasan zong chaan ngam diing khop in a um hi. Hutobang lungsiatna chu a sih tandong in a kiheng sih hi. Gilboa gaalphual a Jonathan a sih chiangin, David in a suun a, a kap a huleh nitaah tan in anngawl in a um hi.

Na tungthu ah ka mangbang hi, ka unaupa Jonathan: ka tungah na hoih mahmah a, kei na hung lungsiatna chu alimdang mahmah a, numei lungsiatna a khuup hi (2 Samuel 1:26).

David kum ahung hihtah chiangin, Mephibosheth Jonathan tapa neihsun ahung mudoh a, Saul silneih zousiah a lehkiit veh hi, huleh leengpa inn ah amah ta ngei bangin a enkol hi (2 Samuel 9). Hitobangin, hagaulam lungsiatna chu mikhat in a hinkhua tengteng a, a lungtang kiheng lou toh midang khat lungsiat ahi, bangchitan in amah a diinga phatuam lou leh amah a diinga siatna tut diing hizongleh. Bangahakhat a kilehkiit diing kinepna neih jiah a mi tunga hoih chu lungsiatna dihtah ahi sih hi. Hagaulam lungsiatna chu mikhat mahni kipumpiaahna leh midang kawm ah kineppih um keei lou a, lungsim siangthou leh dih toh piaah ahi.

Ei uh diinga Pathian leh Lalpa Lungsiatna Kihenglou

Mi tampi in a hinkhua tahsalam lungsiatna jiahin lungtang puaahzaah khop natna a tuaah uhi. Lungsiatna baihlamtaha kiheng thei jiaha natna i neih va huleh i lunghel chiangun, koiahakhat ahung hehnem diing ahung um a huchu i lawm ahung suaah hi. Amah chu Lalpa ahi. Amah mohna bei hizongleh mite nual leh deihlouh in a um hi (Isaiah 53:3), huchih jiahin Ama'n i lungtang uh hoihtahin A he hi. Ama'n A vaangam loupina nusia in gimthuaahna lampi jui diingin hih khovel ah ahung kumsuh hi. Hichibang a bawl in Amah chu eite hamuantu leh lawm dihtah ahung suaah hi. Ama'n kross a, a sih masiah dong in A lungsiatna dihtah ahung piaah hi.

Pathian gingtu khat ka hung hih masang in, natna chi tampi in ka thuaah a huleh zawnna jiah natna leh lunghelna bukim ka thuaah hi. Kum sagih sung vingveng ka damlouh nung in, ka neihsun chu sapum damlou, leiba kibehlaptou jel, mite muhdahna, lunghelna, leh lungkiatna ahi. Ka muante leh lungsiatte'n ahung nusia uhi. Hizongleh khovel pumpi a tangkhat a um a ka kingaih laiin ka kawm ah mikhat a hung hi. Hichu Pathian ahi. Pathian ka muh toh kiton in, thakhat in ka natna zousiah apat in ka hung dam a huleh hinkho thah in ka hung hingta hi.

Pathian in lungsiatna ahung piaah chu silthawnpiaah ahi. Amah ka lungsiat masa ahi sih hi. Amah ka kawm ah A hung masa a huleh A khut in kei ahung baan hi. Bible ka hung simpat chiangin, Pathian in ahung lungsiatna kiphuangdoh ka za hi.

Numeiin a tapa, a gila gah ngeei hehpih lou diingin a nao nawiteeplai a mangngilh thei ei? ahi, a mangngilh thei uhi, hizongleh keima'n nang ka hung mangngilh sih diing hi. Ngaiin, ka khut peeh ah ka hung gial hi; na kulhbaangte ka ma-ah aum jingjing hi. (Isaiah 49:15-16).

Hikhu-ah Pathian in eiuh ahung lungsiatna akilangta, amah jaala i hin theihna diinga Pathian in a Tapa neihsun khovel a ahung sawl jiahin. Hi-ah lungsiatna aum, eiun Pathian i lungsiat chih ahi sih a, ama'n eiuh ahung lungsiat a, i sualnate thuphatawina hi diingin a Tapa ahung sawl chih ahijaw hi (1 Johan 4:9-10).

Mi tengteng in ahung nuutsiat nunga ka gimthuaahna toh ka kisualkhop laiin zong Pathian in ahung nuse sih hi. A lungsiatna ka phawh chiang ka mit apat mittui chu a luangkang thei sih hi. Natna ka thuaahte jiahin Pathian lungsiatna chu a tahtah ahi chih ka phawh thei hi. Tuin, pastor khat, Pathian suaah, mihing tampite lungtang hehnemtu diing leh ka kawm a khotuahna piaah a um pekiittu diing ka hung hita hi.

Pathian chu lungsiatna ahi. Ama'n ei misualte a diingin hih leitung ah A Tapa neihsun Jesu ahung sawl hi. Huleh Ama'n eite sil hoih leh manpha tampi a koihna vaan lalgam hung diingin ahungna ngaah hi. I lungtang neukhat i hon va ahihleh Pathian lungsiatna hoih leh kiningching i chiamkha thei uhi.

Ajiahchu khovel siam chiila kipana a silmuhtheihlouhte, a kumtuang silbawltheihna leh a Pathianjia natan chiang silsiamah akilanga, chiantaha muhin aum hi; hujiahin suanlam diing anei sih uhi (Romte 1:20).

Sil kilawmtah khat ngaihtuah sin lou diing na hiaimah? Vaan dum kiikiai, tuipi chiim kilkel, huleh singkung leh loupate chu Pathian in A siam silte ahi a, huchia hih leitung a i hin lai va vaan lalgam i tun masang uh kinepna i neih theihna diing uh ahi.

Tui kifawn a luipang chiang va khoih; aahsi a laam tobang a phe leplep; tui kikhohkhia ging zoizoi; huleh huih nungte apat in, Pathian huhaih ging, "Ka hung lungsiat hi," hung chi i za uhi. Hih lungsiattu Pathian ta deihtahte i hih jiahun, bangtobang lungsiatna i neita diviai? Kumtuang lungsiatna leh lungsiatna dihtah huleh umze bei lungsiatna ei a diinga phatuam lou dinmun i tun chianga kiheng hilou i neih diing uh ahi.

Tahsalam Lungsiatna

"Bangjiahin ahiai ichihleh nanguh hung lungsiatte chauh na lungsiat u'leh paahtaat bang naloh di'viai? misualte'n zong amahuh lungsiattute alungsiat uhi."
Luke 6:32

Mikhat mipi mai ah a ding a, Galilee Tuipi lam a en hi. A nunglam a tuipi tung a tui kifawn dum chu A nung huih nung hiauhiau tunga laam a bang hi. Mi zousiah in amah thusoi ngai ut in dai diing in a kihilhtuah uhi. Hitaha leh taangbawh tunga tou mipite kawm ah, khovel vaah leh chi hung hi diing leh a meelmate uh nasan lungsiat diingin, aw neemtah leh chitahtahin A hilh hi.

Ajiahchu nang uh hung lungsiatte chauh na lungsiat uleh kipaahman bang ahiai na muh diing uh? siahdongte'n zong huchibanga bawl ve hilou ahi viai mah? Huleh na unaute uh chauh chibai na buuh u'leh midang saanga bang ahiai na bawl tam tuan uh? siahdongte'n zong huchibanga bawl ve hilou ahi viai mah? (Matthai 5:46-47)

Jesu'n, gingloute leh migiloute nasan in amaute tunga hoih leh a phattuampihte uh tung ah lungsiatna a langsah uh a chi hi. Lungsiatna dihlou, a polam a hoih a kilang hizongleh a sung a dihlou chih zong a um hi. Hikhu chu tahsalam lungsiatna hun tomkhat zoh a kiheng huleh sil neukhat jala zong keeh leh dalhzaah ahi.

Tahsalam lungsiatna chu hun paijel toh kiton in bangchihlaipouhin a kiheng thei hi. Mite'n a lungsim uh hamphatna ahihlouhleh lawhna a tan uh dungjuiin a heng veu uhi. Mite'n midang apat silkhat a muh nung chiangun a pedohpan uhi, ahihlouhleh mite'n bangmah ahung thuh louh chiang va i lungkiat va ahihleh, hichu tahsalam lungsiatna i neih jiah uh ahi.

Nulepate leh Tate kikal a Lungsiatna

Nulepate lungsiatna a tate kawm a sil pe zingte'n mi tampi lungtang a khoih hi. Nulepate a tate uh a tha neih tengteng utoh enkol zongleh uh a hahsa mahmah a chi ngei sih uhi ajiahchu a tate uh a lungsiat jiahun. Nulepate'n ann hoihtah neehmohna ahihlouhleh puan hoih silh theih louhna khop hizongleh a tate uh sil hoihtahte piaah chu a ut zing uhi. Hizongleh nulepate a tate uh lungsiat mahmahte'n zong a lungtang ningkhat vah amau a diinga lawhna muhna a hawl thou uhi.

A tate uh lungsiat tahtah hi uleh, bangmah ahung kileh diing lamen lou in a pedoh thei diing uhi. Hizongleh nulepa tamtah amau lawhna diing leh thupina diing hawlna a tate uh enkol a um hi. Hichiin a chi uhi, "Hikhu nou hoihna diinga ka hung hilh ahi," hizongleh a dihtahin amau minthanna diing ahihlouhleh sumlam a lawhna diing, deihna jala a tate uh a thunun sawm uh ahi. Naupangte'n a natoh diing uh ahihlouhleh a koppih diing uh ahung tel chiang va, amau pom theih louh zawng ahung tel chiangun hah nangin a nang va huleh ahung lungkiaah uhi. Hikhu in a latsah chu a tate uh diinga a kipumpiaahna uh bangmah kingahna bei ahi sih hi. Lungsiatna kipedoh jalin tate apat in bangahakhat muhkiit a sawm uhi.

Naupangte lungsiatna chu nulepate a sangin a tawmzaw veu hi. Koreate thusoi khat hichiin a chi hi, "Nulepate sawtpi damlou a, a um uleh, a tate'n a nusia uhi." Nulepate a damlouh va huleh a teeh va huleh dam diinga kinepna a um louhleh, huleh a tate a etkol diing va ahihleh, a dinmun chu buaihuai a sa semsem uhi. Naupang neucha ahih lai un, hichibang silkhat nasan a soi thei uhi, "Zi/pasal ka nei sih diinga huleh nang toh ka um diing hi, nu, pa." A hinkhua pumpi un a nulepate uh toh hingkhawm ut diingin a kingaihtuah maithei uhi. Hizongleh ahung upat chiangun, a nulepate ah ahung lunglutmoh deuhdeuh uhi ajiahchu a khosahna diing uh ngaihtuah in a buai uhi. Mite lungtang chu tuni hun ah sual lam ah a mol mahmah va, huleh giitlouhna chu a tam a huchiin khatveivei nulepate'n a tate that in ahihlouhleh tate'n a nulepate uh a that uhi.

Pasal leh Zi kikal a Lungsiatna

Nupa kikal a lungsiatna bang ahiai? A kihel laiun, kamsiamtahin hichibangin a chi hi, "Nang bei in ka um thei sih hi. Ka hung lungsiat zing diing hi." Hizongleh a kiteen nung un bang ahung chi ei? A koppihte a hua va huleh hichiin a chi hi, "Nang jiahin ka hin diing bangin ka hing thei sih hi. Na hung heem hi."

A kilungsiatdan uh a kihilhtuah jel va, hizongleh kiteen zoh chiangin, a tuam a um ahihlouhleh kikhen diing thu a soi uhi, ajiahchu ahung kipatna, a siamna uh, ahihlouhleh a mihihna uh a kituaah sih hi. A pasal in a deihdantaha ann a tui louh leh, a zi kawm ah a soisel a, "Hikhu bangtobang ann ahiai? Neeh diingdan a um sih!" Huleh, a pasal in sum kiningching a lohdoh louhleh, a zi a pasal kawm ah hichiin a phun hi, "Ka lawmte pasal 'director' in a kaisang a huleh a dang chu 'executive officer' in a kaisang... Nang bangchichiah kaisang diing... huleh ka lawmdang khat in inn lianzaw a lei leh car suaahthah a lei a, hizongleh nang bangchi? Bangchi chianga sil hoihzaw nei diing?"

Korea gamsung a innsung a kivuaahna simna ah, nupa a

kimkhat sanga tamzaw phialte chu a zi/pasalte uh tunga hiamngamtaha gamtate ahi uhi. Hujiahin nupa tamtahin a lungsiatna masa uh a mangsah uhi, huleh tuin ahung kihotuah un huleh a kinial uhi. Tulaiin, kiteeng zou hunnuam a zat lai va kikhen ngal nupa zong a um uhi! Kiteen hun leh kiteeng hun kikal zong a tom deuhdeuhta hi. A zi/pasalte uh ngai mahmah in a kingaihtuah va, hizongleh ahung teenkhawm chiangun a hoihlouhna uh ahung kimuhtuah uhi. A ngaihtuahna uleh a silduh uh kibanglou ahihjiahin, sil khat apat a dang ah a kiphutuah gige uhi. Hichibanga a bawl touhjel chiangun, a ngaihtuahna va lungsiatna a sah uh ahung khing hi.

A kikal vah buaina kichiantah nei sih mahleh uh, ahung kingeinaseh va huleh a kilungsiatna masa uh chu hun kihei dungjuiin ahung khingsuh hi. Huchiin, a midang a mitsuan uhi. A pasal chu a ziingkal thoutung um lenglung tung ah a lungkia a, huleh ahung upat a ahung thau chiangin, a ngaihhuai a sa nawn sih hi. Hun a sawt dungjuia a lungsiatna hung thuuh deuhdeuh diing hinapi, hizongleh mun tamtah ah a huchi sih hi. A bang hileh, amau a kihenna um in tahsalam lungsiatna amah lawhna diing chauh ngaihtuah chih khu a chiangsah hi.

Unau kikal a Lungsiatna

Nulepa kibang apat piang unau huleh khangliankhawmte chu midangte sanga kinaihzaw diing ahi uhi. Amaute chu sil tampi kikop ahihjiahun sil tampi ah a kingansiahtuah thei ve huleh lungsiatna a kal vah kilungsiatn a pungsah uhi. Hizongleh unau khenkhat amau kal ah kielna a nei va huchiin a sanggamte thangsiatna ahung nei uhi.

A piang masapen in a nulepate uh lungsiatna amau a diing chu a naute'n laahsah leh amaute kawm a piaah a um dan in a ngaihtuah uhi. Ta nihna in a upen sanga neuzaw a, a kikoih jiahin a lungmuang thei sih hi. Unau amah sanga upazaw leh naupangzaw neite a u sanga neuzaw leh a nau thuthu a um diing ahi chih puaahgih a nei uhi. A nulepate'n a ngaihsah zoh louh jiahun a gualleltu dan in a kikoih uhi. Unaute laha hutobang ngaihtuahna hoihtaha a kisuhveng louh a ahihleh, unaute kal ah kituahlouhna a um thei hi.

Khovel a tualthahna masapen chu unau kikal a um ahi. Hikhu chu Kana in Abel Pathian gualzawlna tungtaang a, a thangsiat jiaha siltung ahi. Huhun a kipat in, mihing khangthu tawntung ah unau kikal ah kinahna leh kisualna a um zing hi. Joseph chu a sanggamte'n a hua va Aigupta ah sal diingin a zuaah uhi. David tapa, Absalom, in a mite khat a sanggampa Amnon a thatsah hi. Tuni in, unau tampite a nulepate gou kituhin a kisual uhi. Meelma bangin a um uhi.

A tunga bangin thukhawhtah hi sih zongleh, ahung kiteen va huleh innkuan ahung siampat chiangun, a sanggamte uh chu a ma bangin ahung enkol zouta sih uhi. Kei chu unau guupte laha a naupangpen ka hi. Ka u pasal leh numeite'n ahung lungsiat mahmah uhi, hizongleh natna tuamtuam jiaha kum sagih sung lupna ngaah a ka um chiangin, a dinmun ahung kihengta hi. Amaute a diinga puaahgih ka hung semsemta hi. Ka damlouhna bangtanahakhat ahung enkol va, hizongleh kinepna um nawn lou banga ahung kilat chiangin, ahung kinungheisanta uhi.

Innveengte kala Lungsiatna

Koreate'n hichibang a chih uh khat a um hi, "Innveeng

Sanggamte." Mi tampite'n hun paisa lou ana bawl laiun, innveengta kichi panpihtu sil manphatah ahi. Hizongleh hih thusoi chu ahung dihlou semsemta hi. Tuni in, mite'n a innvengte uh apat chu a inn uh kikhaahkhum in huleh a kikilhkhum uhi. Kiveenna vanzat nasan i zang uhi. Mite'n a innveng koi ahih nasan a he sih uhi.

Midangte khawhsahpihna a nei sih uhi huleh a innveengte koi ahih chih heet utna zong a nei sih uhi. Amau chauh a kibuaipih uhi, huleh a tanau naite uh chauh a poimoh chih chauh a he uhi. A kimuangtuah sih uhi. Huleh, a innveengte uh nopmoh, deihhuailou leh huham a sah va ahileh, kinah leh kisual zong khawh a sa sih uhi. Tuni in sil neuchacha a kiheeh zong a um uhi. Mikhat a inntung a umpa thawmging jiahin tem a dawt chih zong a um hi.

Lawmta kal a Lungsiatna

Huleh huchi ahihleh, lawmta kal a lungsiatna bang ahiai? Na lawi khenkhat nang lam a pang zing diingin na ngaihtuah maithei. Hizongleh, mikhat lawm a ngaihtuah nasan in zong ahung heem in huleh lungtang natahin ahung koih theih hi.

Hun khenkhat ah, mikhat a lawmpa chu sum hunkhop zangsah diingin ahihlouhleh mohkhuhtu a pang diingin a chial maithei hi, ajiahchu sum a neih nawn louh jiahin. A lawipa a ut louh leh, amah heem in a um chiin amaute a mu ut nawn sih hi. Hizongleh hitah ah koi ahiai a dihlou?

Na lawm na lungsiat tahtah a ahihleh, hu na lawm kawm ah gentheihna na tut diing ahi sih hi. Sum beikei a um diinga na kisah a, huleh na lawmpa chu mohkhuhtu a ahung pang leh, na lawipa leh a inkote chu nang toh gentheikhawm a um thei ahi uhi.

Na lawite hutobang dinmun lauhthawnhuai a umsah khu lungsiatna ahi diai? Hikhu chu lungsiatna ahi sih hi. Hizogleh tuni in, hutobang sil a tung mun mahmah hi. Huban ah, Pathian Thu in sum bat diing leh mi batsah leh diing sil banda ahihlouhleh mikhat mohkhuhtu a va pang diing ahung phal sih hi. Hitobang Pathian thute i man louh va ahihleh, hun tamtah ah Setan natohna ahung um diinga huleh a sung a kibualkhate'n siatna a tuaah diing uhi.

KA tapa, na lawm adiinga mohpotua na pan leh, gamdang mi vuaahna diinga na khut na man leh, Na kama thute ah na awh-a, na kam thusuaahtein mat na hi (Thupilte 6:1-2).

Khut beengte laha khat hi sinla, ahihlouhleh leiba diinga mohkhuha pangte laha zong hi saam sin (Thupilte 22:26).

Mi khenkhatte'n midang apat a muhtheih uh um dungjuia lawm bawl chu pilhuai ahi a chi uhi. Tuni hun ah mikhat a innveengte ahihlouhleh a lawmte a diinga lungsiatna dihtah toh a hun, a tha, huleh a sum pe phal muh diing a tawm hi chihchu a dih ahi.

Ka naupanlai apat tuni chiang lawm tampi ka nei hi. Pathian a gingtu khat ka hung hih ma in, lawmte laha ginumna chu ka hinkhua hi in ka ngaihtuah hi. Lawmta ka hihna uh kumtuang a um diingin ka ngaihtuah hi. Hizongleh hun sawtpi damlou a ka hung um chiangin, hih lawmta kala lungsiatna zong amau lawhna diing dungjuiin a kiheng chih chiantahin ka hung he hi.

A tuungin, ka lawmte'n daktor hoihtah ahihlouhleh tualsung kietkolna hoih a hawldoh va huleh amaute kawm ah ahung pui uhi, hizongleh ka damdoh mawngmawng louh chiangin, khat khat in ahung nusia uhi. A nungin, ka lawm neihsunte chu ka zudawnpih leh lehkhakappihte chauh ahi. Hutobang lawmte zong ahung lungsiat jiah va hung ahi sih va, hizongleh tomkhat kholai vaah zualna diing a poimoh jiah uh ahi. Tahsalam kilungsiatna nasan ah zong, ka kilungsiattuah uh a kichi va, hizongleh tomkhat zou chiangleh a kihengkiit hi.

Nulepate leh tate, sanggampate leh sanggamnute, lawmte leh innveengte'n amau a diing chauh hawl lou a huleh a lungsim uh heng lou hi uleh bangchituha nuam diing ahiai? Hitobang hilechu, hagaulam lungsiatna a nei uh chihna ahi. Hizongleh mun tamtah ah, hih hagaulam lungsiatna a nei sih va, huleh hikhu ah lungkimna dihtah a nei thei sih uhi. A inkuante uleh a kiim va mite apat in lungsiatna a hawl uhi. Hizongleh hitobang a, a bawltouhjel chiangun, tuipi tui al dawn bangin lungsiatna duhin a dangtaah sem uhi.

Blaise Pascal in michih lungtang ah Pathian-lim tobang munawng silsiamte laha bangmah in a luahdim theih louh, himahleh Siamtu, Pathian, Jesu tungtawn a heetsah a um, chauh in A luahdim theih a um hi a chi hi. Pathian lungsiatna in hukhu a luahdim louhngal leh, lungkimna dihtah i nei thei sih a huleh bangmahlou a kingaihna i nei uhi. Huchi ahihleh, hih khovel ah hagaulam lungsiatna a kiheng ngei lou a um sih chihna ahi diai? Ahi sih. A tam sih a, hizongleh hagaulam lungsiatna a um ngeei hi. 1 Korinthete Bung 13 in lungsiatna dihtah toh kisai chiantahin ahung hilh hi.

Lungsiatnain athuaahthei a, huleh aching a; lungsiatnain athangse sih a; lungsiatna chu akiphat sih a, akiuangsah sih hi,

Akilawmlouin agamta sih a, amah diing chauh angaihtuah sih a, alungthahbaih sih a, silgilou angaihtuah sih hi; Dihtatlouhna ah akipaah sih a, hizongleh thutah ah akipaah hi; Sil zousiah puaahdaan asiam a, sil zousiah agingta a, sil zousiah alamen a, sil zousiah athuaah mualsuaah hi (1 Korinthete 13:4-7).

Pathian in hitobang lungsiatna chu hagaulam leh lungsiatna dihtah a chi hi. Pathian lungsiatna i heet va huleh thutah a i kihen va ahihleh, hagaulam lungsiatna i nei thei uhi. Hagaulam lungsiatna, ei a diinga lawhna sanga siatna hung tut diing hizongleh, i lungtang zousiah leh lungsim kihenglou toh kilungsiattuah theihna diing i neih diing uh ahi.

Hagaulam Lungsiatna Etkhiahna Lampite

Mi khenkhat dihloupi a Pathian lungsiat a kigingta a um uhi. Hagaulam lungsiatna leh Pathian lungsiatna bangtan chiang a chituh i hi viai chih i heetdoh theihna diingun, ngaihtuahna leh gamtatdan i neihte etkhiahna, sawina, leh hahsatna i tuaahtouhte tungtawn in i enchian thei uhi. Lungsiatna dihtah bangtan chianga chituh i hi viai chih ei leh ei, i lungtang sunggil thuuhpen apat i kipaah tahtah un huleh kipaah thu i soi viai huleh Pathian deihzawng i bawl viai chih ah i kienchian thei uhi.

I dinmun i nin va huleh i huat va huleh khovel paidan i hawl va huleh mite a i kingah uleh, hagaulam lungsiatna i nei sih uh chihna ahi. Hikhu in Pathian i heetna uh chu huaahbuuh heetna chauh ahi a, i lungtang a i thun uleh i chituh uh ahi sih chihna ahi. Sumlem chu sumtah toh a kibang a hizongleh lehkhathem mai ahih bangin, lungsiatna heetna chauh heet chu lungsiatna dihtah ahi sih hi. Hikhu chu manphatna um lou ahi. Lalpa i lungsiatna a kihen louh a huleh dinmun zousiah leh hahsatna chinteng a Pathian a i kingah va ahihleh, lungsiatna dihtah hagaulam lungsiatna i chituh uh i chi thei uhi.

"Tuin ginna, kinepna, lungsiatna, hi silthumte a um hi; hizongleh lungsiatna chu a thupipen ahi."

1 Korinthete 13:13

Khen 2
Lungsiatna Bung a bangin Lungsiat in

Bung 1 : Pathian in a Lunggulh Lungsiatna

Bung 2 : Lungsiatna Umziate

Bung 3 : Lungsiatna Bukim

Pathian in a Lunggulh Lungsiatna

"Mihing haamte leh angel haamtein thu soi mahleng lungsiatna ka neih louhin chu sumeng tumging aha, ahihlouhleh daah khutbeh ging aha bang giap ka hi diing hi. Huleh thusoitheihna silpiaah neiin, thuguuh zousiah leh heetna zousiah heveh mahleng, huleh taang kisuansah theihna khop ginna nei mahleng, lungsiatna ka neihlouh inchu bangma ka hi sih hi. Huleh ka neih zousiah migentheite vaahna diingin pevehin, huleh ka sapum haaltum diingin pe ngam mah zong leng, lungsiatna ka neihlouh inchu bangma aphatuam sih hi."

1 Korinthete 13:1-3

A nuai a thu hi South Africa a tahgahkhoina mun khat a siltung toh kisai ahi. Naupangte chu khat khat in ahung dam sih va, huleh a nambar zong ahung khang hi. Hizongleh hih natna jiah diing a mukhe sih uhi. Tahgahkhoina in daktor minthangte a natna mandoh diingin a kou uhi. Hah hawl a ahung hawl nung un, daktorte'n hichiin ahung chi uhi, "A thoh chiangun, naupangte chu kawi unla huleh a tung va minit sawm sung lungsiatna langsah un."

Limdangtahin, a natna uh chu a jiah bei in ahung kiam hiaihiai hi. Hikhu jiah chu naupangte'n sil dang bang teng sangin lungsiatna a ngainapen uhi. Khosahna diinga sum zat diing toh kisai lungkhamna nei sih in huleh kiningchingtahin khosa mahlei, lungsiat bei in hinkhua a kineipna ahihlouhleh dam utna i nei thei sih uhi. Lungsiatna chu i hinkhua a diinga sil poimohpen ahi a chih theih hi.

Hagaulam Lungsiatna Poimohna

1 Korinthete bung sawmlehthumna, Lungsiatna Bung kichi in, hagaulam lungsiatna a bukim a, a soi masang in lungsiatna poimohna a soi masapen hi. A jiah ahihleh mihingte haam leh angelte haam in haam zonglei, lungsiatna i neih louh va ahihleh, daah tumging leh daah khutbeh ging bang mai i hung hi uhi.

'Mihingte haam' kichi in Hagau Siangthou silpiaahte laha khat haam tuam a haam chih a kawh sih hi. Hikhu in Leitung a teeng mihingte haam zousiah English, Japanese, French, Russian, a dangdang, chihte a kawh hi. Khantouhna leh heetna chu hung kibawltuaahtou in huleh haam tungtawn in ahung kipesawn hi, huleh huchiin haam silbawltheihna chu a thupi tahzet i chi thei hi. Haam toh i lungput leh ngaihtuahna i soidoh thei va huleh huchiin mihing tampi lungtang i zou un huleh i khoihkha thei uhi. Mihing haamte'n mi lungkhoih theihna diing silbawltheihna leh sil tampi bawldohtheihna silbawltheihna a nei hi.

'Angelte haam' chu thumal kilawmtahte chihna ahi. Angelte chu hagaulam mi ahi va huleh amaute'n 'kilawmna' a ensah uhi. Mi khenkhat thumal kilawmtah leh aw kilawmtaha ahung haam chiangun, mite'n angel tobang in a soi uhi. Hizongleh Pathian in mihingte thusoi siam a thusoite ahihleh angel thusoi kilawmtah tobangte chu daah tumging ahihlouhleh daah khutbeh ging lungsiatna tellou tobang in A soi hi (1 Korinthete 13:1).

A dihtahin, siih ahihlouhleh sumeng gihtah, khal leulou, i khet chiangin a ging a ngaih sih hi. Sumeng them khat a ging ngaih henla hileh, hichu a sung a hawm a ahihlouhleh a pan in a zaang chihna ahi. Daah khutbeh chu a gin a ngaih ahi ajiahchu siih pantah apat siam ahih jiah ahi. Hichu mihing toh zong a kibang hi. Eite'n manphatna chu i lungtang uh lungsiatna toh dimsah a Pathian tapa leh tanu dihtahte i hung hih chiang chauh un gehu tang dim phitphet toh tehkaahtheihna i nei thei chauh uhi. A lehlam ah, lungsiatna neiloute chu buhsi bangmai ahi uhi. Bangjiah ahiai?

1 Johan 4:7-8 in hichiin a chi hi, "Deihtahte, khatle khat i kilungsiat diing uhi; ajiahchu lungsiatna Pathian a kuan ahi; huleh mi chin lungsiat siam photmah chu Pathian a piang ahi a, Pathian ahe hi. Lungsiatna neilou mi'n Pathian ahe sih; bangjiahin ahiai ichihleh Pathian chu lungsiatna ahi." Chihchu, lungsiat loute'n Pathian toh kisaikhaahna bangmah a nei sih uhi, huleh amaute

buhsi hawm toh kibang ahi uhi.

Hutobangte thusoi chu thusoi siam in huleh kilawm zongleh uh a manphatna bei ahi, ajiahchu amaute'n lungsiatna dihtah ahihlouhleh hinna midangte kawm ah a pedoh thei sih uhi. Hizongleh midangte tung ah daah ahihlouhleh daah khutbeh ginsia tobang in billaphuaitah a siamdoh uhi, ajiahchu a zaang un huleh a sunghawm ahi uhi. A lehlam ah, lungsiatna pai thusoite'n hinna pedoh silbawltheihna limdangtah a nei hi. Hutobang a um sil Jesu hinkhua ah i mu thei uhi.

Lungsiatna Tahsa in Hinna A Pekhia

Nikhat Jesu'n Biaahinn ah thuhilhna a nei hi, huleh lehkhagialtute leh Pharisaite'n numei khat a mai ah ahung pui uhi. Amah chu angkawmlai mat a um ahi. Numeinu hung puitu lehkhagialte leh Pharisaite mit ah khotuahna maisuah himhim muh diing a um sih hi.

Jesu kawm ah hichiin a chi uhi, "Houtupa, hi numei a angkawm laitaha kiman ahi a. Daan lehkhabu ah Mosi'n hitobang mi chu suanga sehlup diing thu ahung pia hi; hizongleh nang bangchi diing na chi ei?" (Johan 8:4-5)

Israel a Daan chu Thu leh Pathian Daan ahi. Angkawm chu suang a sehlup diing ahi chi thugual zong aum hi. Jesu'n Daan dungjuia angkawmnu suanga sehlup diing ahi chileh chu Amah thusoite kalh hi diing ahi, ajiahchu Ama'n mite kawm ah a meelmate nasan lungsiat diingin a hilh hi. Ngaihdam diingin soi taleh, Daan toh kikalh hi diing ahi. Hichu Pathian Thu toh kikalh a dinna ahi.

Lehkhagialtute leh Pharisaite chu mikiliansah ahi va huchiin tuin Jesu suhngiamna diing khat a mu uhi. A ngaihtuahna uh hechiang mahmah in, Jesu A kuunsuh a huleh A khutzung in tual ah bangahakhat A gial hi. Huin, A thoudohtou a huleh hichiin A chi hi, "Na lahva sualna nei hetlou peenin amahnu chu sep masa heh" (Johan 8:7).

Jesu khatvei a kuunsuh kiit a huleh A khutzung a sil a gelh kiit chiangin, mipite khatkhat in a chiah, huleh numeinu leh Jesu chauh a um uhi. Jesu'n hih numeinu hinna chu Daan botse lou A hundam hi.

A polam ah, lehkhagialtute leh Pharisaite'n a thusoi uh a dihlou ahi sih hi ajiahchu amaute'n Pathian Daan in a soi khu a soi uhi. Hizongleh a thusoite va a siltup uh toh Jesu a, a kikhe mahmah hi. Amaute'n midangte suhnat a tum va hizongleh Jesu'n hinna hutdam a tum hi.

Hitobang Jesu lungtang i neih va ahihleh, midangte kawma thahatna bang tobang thusoi in pe thei ahiai chih ngaihtuah in i haamtei diing va huleh thutah ah i puiluut diing uhi. I soidoh thumal chih toh midangte kawm ah hinna i piaah sawm diing uhi. Mi khenkhat in Pathian Thu toh midangte zoh a sawm uhi ahihlouhleh midangte chu sil hoihlou ahi chia a gintaatte haatlouhna leh bawlkhelh a neihte kawhdoh in suhdih a tum uhi. Hutobang thusoite chu dih mahleh, lungsiatna a thu kisoi ahihlouh a ahihleh, midangte a kihengsah thei un, ahihlouhleh hinna a pe thei sih uhi.

Hujiahin, midangte hinna piaahna diingin i mahni-kidihsahna leh eimah lunggel toh i haamkhia ei, ahihlouhleh i thusoite lungsiatna apat hung pawt ahiai chih i et diing uh ahi.

Dangnaaltaha thusoi sangin, hagaulam lungsiatna tuun thu khat in hagau dangtaah suhnouna diing hinna tui, huleh suangmantam manphatah hagau gimthuaahte kawm a nuamna leh hamuanna petu ahung suaah thei hi.

Mahni Kipumpiaahna Natoh toh kiton Lungsiatna

A taangpi in 'soilawhna' kichi in hun hung tung diing toh kisai a soi hi. Bible dantahin silkhat liauliau a diinga Hagau Siangthou a Pathian lungtang tangkha a huleh maban a sil hung tung diing soi chihna ahi. Soilawhna chu mihing deihthu a bawl theih sil ahi sih hi. 2 Peter 1:21 in hichiin a chi hi, "mihing deihthu in soilawhna bangmah a kibawl ngei sih, hizongleh mihingte Hagau Siangthou tungtawn in Pathian apat in ahung haamdoh uhi." Hih soilawhna silpiaah chu koimah kawm ah mawh a piaah ahi sih hi. Pathian in hih silpiaah kisusiangthou loute kawm ah A pe sih hi, huchi lou in chu ahung kiuangsahkha diing hi.

"Soilawhna silpiaah," Lungsiatna Bung a bangin silpiaah mi tomtakhatte kawma kipiaah ahi sih hi. Hih umzia chu koipouh Jesu Khrist a gingta a huleh thutah a umte'n maban a sil hung tung diing a mulawh va huleh maban tungtaang a soi thei uhi. Chihchu, huihkhua a Lalpa A hung kiit chiangin, hutdam a umte chu huihkhua ah laahtouh ahi diing va huleh Kum-sagih Moulopna Ankuang uum in a um diing va, huleh hutdam a um loute chu hih leitung ah Kum-sagih Gimthuaahna Thupi thuaah in a um diing va huleh Laltouphah Ngou Loupi Vaihawmna zoh chiangin Meidiil ah a luut diing uhi. Hizongleh Pathian tate zousiah in hitobang a 'maban a sil hung tung diing toh kisai soi theihna' soilawhna silpiaah nei mahleh uh, a bawn un hagaulam lungsiatna a nei sih uhi. Bangteng hileh, hagaulam lungsiatna a neih louh va ahihleh, amau lawhna diing zawng juiin a ngaihdan uh a heng diing uhi, huleh huchiin soilawhna silpiaah in bangmah lawhna a tut sih diing hi. Silpiaah in lungsiatna a siamdoh thei sih a huleh a khel thei saam sih hi.

Hitaha a 'silmah' kichi in hun kipatma a thuguuh kiphual, kross thu a kawh hi (1 Korinthete 1:18). Kross thu chu mihing hutdamna diinga silphatuam, Pathian in hun kipat masanga apat ana bawl ahi. Pathian in mihingte'n sual ahung bawl diing va huleh sihna lampi a, a puuh diing uh A he hi. Hikhu jiahin Jesu Khrist Hundampa hung hi diing chu hun kipat masang ana singsa hi. Hih silphatuam suhtaangtung ahih masangsiah, Pathian in thuguuh in A koih hi. Bang diinga hukhu A bawl ahiai? Hutdamna lampi heet ana hileh, meelmapa dawimangpa leh Setan kigolh jiahin suhtaangtun in a um sih diing hi (1 Korinthete 2:6-8). Meelmapa dawimangpa leh Setan in Jesu a thah va ahihleh Adam apat thuneihna ana tan uh chu kumtuanga kembit thei diingin a kingaihtuah uhi. Hizongleh, migiloute a chiil va huleh Jesu a thah jiahun hutdamna lampi chu hon ahita! Ahinlah, hutobang silmah thupi i heet vangun, hutobang heetna in hagaulam lungsiatna i neih louh va ahihleh bangmah phattuamna ahung tut sih diing hi.

Hichu heetna toh a kibang hi. Hitah ah, 'heetna tengteng' kichi in zilna apat heetna a soikha sih hi. Hikhu in a soi chu Pathian heetna leh Bible bu 66 a thutah khu ahi. Bible apat Pathian toh kisai i hung heet kalsiah uh, Amah zong i muh va huleh i tuaahkha va huleh i lungtang va i gintaat diing uh ahi. A huchih louhleh Pathian Thu heetna chu i lutang ah heetna themkhat bangin a um zing diing hi. Heetna chu lampi deihhuailou in i zang maithei hi, etsahna diingin, midangte thutankhumna leh mohpaihna bangin. Hujiahin, hagaulam lungsiatna tellou heetna chu a phatuam sih hi.

Taang kisuansah thei khop ginna thupi neita lei bang a chi diai? Ginna thupitah neih kichi chu lungsiatna thupitah nei chihna ahi sih hi. Huchi ahihleh, bang diinga ginna gihdan leh lungsiatna gihdan kibang lou ahiai? Ginna chu chiamchihnate leh silmahte leh Pathian natohte muhna apat in a khang thei hi. Peter in chiamchihna leh silmah Jesu'n A bawlte tampi a mu a huleh hikhu jiahin, tomkhat chauh hizongleh, Jesu tui tunga A pai laiin a pai thei hi. Hizongleh hu laiin Peter in hagaulam lungsiatna a nei sih hi ajiahchu Hagau Siangthou a tang nai sih hi. A sualnate paihmang in a lungtang teep a tan nai saam sih hi. Hujiahin, a hinna vaulau a ahung um chiangin, Jesu thumvei a kiheetmohbawl hi.

I siltuaahte tungtawn a i ginna a khan theihdan bangchibang ahiai chih i hesiam thei uhi, hizogleh hagaulam lungsiatna chu panlaahna, kipumpiaahna, huleh sualnate paihmangna diinga kithoihna i neih chiang chauh in i lungtang ah ahung luut thei hi. Hizongleh hagaulam ginna leh lungsiatna in kizopna a nei sih chihna ahi sih hi. Ginna i neih jihain sualnate paihmangna diingin pan i la thei a huleh Pathian leh hagaute i lungsiat tum thei hi. Hizongleh Lalpa bat tahtahna diing silbawl leh lungsiatna dihtah chituh lou in, Pathian lalgam a diinga i natoh bangchituhin ginum sawm mah lei Pathian toh kisaikhaahna a nei sih diing hi. Hichu Jesu ana bang ahi diing hi, "Huleh a kawm va Ka puangdoh diing hi, 'Ka hung hekha sih; kihemmang in, daanbei a khosate'" (Matthai 7:23).

Vaangam Lawmman hung tut Lungsiatna

A taangpi in, kum tawp kuan lam chiangin, pawl leh mimal tampite'n mi tasamte panpihna diingin tanchinbu saipawlte kawm ah sum a thoh jel uhi. Tuin, tanchinbu ahihlouhleh a thu hahdohtute'n a min uh soikha sih uleh bang a chi diai? Mimal leh pawl tampi sum thoh kiit diing a um sih thei hi.

Jesu'n Matthai 6:1-2 hichiin A chi hi, "NA sil hoih bawlte uh mi muh diinga amava bawl lou diingin pilvaang un; huchilouinchu na Pa uh vaana um kawmah muh diing kipaahman na nei sih diing uh. Hujiahin mi kawma sil na piaah chiangun milepchiahte'n, mi phat aloh theihna diingva kikhopna inn bang, kholai banga ahih veu bangun, na mavah peengkuul muut sih un. Chihtahjetin ka hung hilh ahi, Amahun a kipaahman uh amu jouta uh." Patawina muhna diinga midang i panpih va ahihleh, tomkhat sung chauh paahtawi in i um diing uhi, hizongleh Pathian apat lawmman i mu sih diing uhi.

Hih silpiaah chu manih lungkimna ahihlouhleh kisahtheihna diing giap ahi. Mikhat in a kilawmna mai a panpihna na a tohleh, paahtaatna a khan dungjuiin a lungtang chu dopsang semsem ahi diing hi. Pathian in hih tobang mi A gualzawl leh, Pathian mitmuh a amah chu mihoih dan in a kikoih diing hi. Huchiangleh, a lungtang teep ahung tan sih diinga, huleh hichu amah a diinga lauhhuai giap ahi. Na innveengte a diinga lungsiatna toh panpihna natoh na toh a ahihleh, midang ahung phawh leh phawh louh na ngaihsah sih diing hi. Hikhu jiah chu nang in Pa Pathian a guuh sil kibawl mutu in ahung gualzawl diing chih na gintaat jiah ahi (Matthai 6:3-4).

Lalpa a panpihna natohte chu hinkhua a poimoh biihte puansilh, an, leh inn chihte piaah chih chauh ahi sih hi. Hikhu chu hagau hutdamna diinga hagaulam tanghou piaah toh kisai ahi. Tuni in, Lalpa a gingtu hi in hi sih taleh, kouhtuam natoh diing chu damloute, phawhphaahlouhte, leh mizawngte panpih ahi a chi uhi. Hichu a dihlou tuan sih hi, hizongleh kouhtuam mohpuaahna masapen chu tanchinhoih soil eh hagau hutdam a huchia hagaulam hamuanna ahung neih uh ahi. Panpihna natohte tup pipen chu hih siltup sung ah a um hi.

Hujiahin, midang i panpih chiangin, Hagau Siangthou puina tanga panpihna natoh hoihtaha bawl a poimoh hi. Mi khenkhat kawm a panpihna kilawmlou i piaah a ahihleh, hu mipa a diinga Pathian apat a gamlazosem kikoihmang a baihlamsah hi. A sepen in, sihna lampi tanpha ah a nohmang thei hi. Etsahna diingin, zudawn leh lehkhakap kap naah beehseh jiah mizawng khat ahihlouhleh Pathian deihdan kalha a din jiah va hahsatna a tuaah uleh, i panpihna chu amau a diinga lampi dihlou sem a paina ahung suaah diing hi. A dihdahin gingtuloute i panpih sih diing uh chihna ahi sih hi. Gingloute chu a kawm va Pathian lungsiatna thu soi kawm in i panpih diing uh ahi. Mi panpihna natohte'n a tup pipen chu tanchinhoih thehdalh ahi chih i manghilh louh diing uh ahi.

Ginna hatlou nei gingtu thahte toh kisai in, a ginna uh hung haat masangsiah i suhhaat uh a poimoh hi. Khatveivei ginna neite lah ah zong, pianpih natna ahihlouhleh damlouhna nei a um va huleh khenkhat tuahsiatna jiaha amau a kivaah thei lou a um hi.

Khenkhat mi upa a tang va teeng ahihlouhleh tate a nulepate uh umlou a innsung enkol a um uhi. Hih mite panpihna natoh poimoh petmah ahi thei uhi. Hih mite panpihna poimoh tahtahte i panpih va ahihleh, Pathian in i hagau ahung khangsah diinga huleh silbangkim ei a diingin ahung paihoihsah diing hi.

Silbawlte Bung 10 ah, Kornalius chu gualzawlna tang mikhat ahi. Kornalius in Pathian a lau a huleh ama'n Judate nasatahin a panpih hi. Amah chu sepaih zahoutu, Israel tunga vaihawm sepaih sunga dinmun sangtah ahi. Amah dinmun a diingin a khotual mite panpih chu a hahsa mahmah diing hi. Judate'n a silbawl a muangmoh diing va huleh a lawmte'n silbawl chu nuammoh a sa diing uhi. Hizongleh, ama'n Pathian a lauh jiahin natoh hoihte leh panpihna natoh a tawp sih hi. Pathian in a natohte a mu veh hi, huleh Peter chu a inn ah a sawl a huchiin amah inkuanpih chette lou zong hizongleh a inn a um zousiah in Hagau Siangthou leh hutdamna a tang uhi.

Hagaulam lungsiatna toh panpihna natohte chauh i toh diing uh ahi sih a hizongleh Pathian a sillat zong ahi. Mark 12 ah, Jesu'n a lungtang tengteng toh thohlawm a thoh jiaha A phat mahmah meithai khat a um hi. Ama'n sumsan nih chauh, a zat diinga a neih sunsun, a piaah ahi. Huchi ahihleh bang diinga Jesu'n soi nei ahiai? Matthai 6:21 in hichiin a chi hi, "...ajiahchu na gou umna ah, na lungtang zong a um diing hi." A kisoi bangin, meithainu'n a neih tengteng a piaah chiangin, a lungtang zousiah Pathian lam ah a um hi. Hichu Pathian a diinga lungsiatna a neih soina ahi. A lehlam ah, thohlawm ut lou sasa a kipiaah ahihlouhleh midangte ngaihdan ngaihtuah kawm a piaah in Pathian a lungkimsah sih hi. A tawpna ah, hutobang thohlawm in a petu a diingin phattuamna

Lungsiatna: Daan Juihkimna

a nei sih hi.

Tuin kipumpiaahna toh kisai i soikhawm diing uhi. 'Ka sapum halmang diinga kipiaahdoh' kichi chu "a bawn a kipiaahdoh chihna ahi." A taangpi in kipumpiaahna chu lungsiatna apat bawl ahi, hizongleh lungsiatna tel lou in zong a bawl theih hi. Huchi ahihleh, lungsiatna tel lou a kipumpiaahna kibawl bang ahiai?

Pathian natohna bawl zoh sil tuamtuam soisel chu lungsiatna tel lou kipumpiaahna etsahna khat ahi. Hichu na tha neih tengteng, hun leh sum neih tengteng Pathian natohna a na zat bei nung a, koimah in ahung heetphaah leh paahtawi louh a huleh nuammoh na sah a huleh na soiseel chiangin ahi. Hichu na tohpihte na et a huleh Pathian leh Lalpa ka lungsiat chi zongleh uh nang bang thalawp zou lou na sah chiangin ahi. Hitobang ngaihtuahna in a guuh in na hoihna midang tung a, a kilat a, amaute'n ahung phat va huleh na ginumna a kisahtheihna deihna a tuun hi. Hitobang kipumpiaahna in mite laha kilemna a suse thei a huleh Pathian a diingin lungnatna a tut hi. Huchibangin kipumpiaahna lungsiatna tellou chu bangmah lou ahi.

A polam a kilang in na soisel sih maithei hi. Hizongleh na ginumna koimahin ahung phawh louh va ahihleh, na lungke diinga huleh bangmalou in na kingaihtuah diinga huleh Lalpa a diinga na thanopna chu ahung khing diing hi. Na tha neih tengteng a na tohdoh nate a dihlouhna leh hoihlouhna mite'n ahung kawhdoh va ahihleh, na lungke maithei a huleh nang hung soisete na mudah hi. Nang sanga midangte ahung gahsuahzawh va huleh midangte deihsahna ahung tanzawh chiangun, thangsia leh eeng in na um hi. Huchi ahihleh, bangchituha ginum leh kuhkal hizonglehchi, na sung ah nuamna dihtah na tang thei sih hi. Na mohpuaahna tanpha na tawpsan diing hi.

Midangte mai a thanuam giap khenkhat a uhi. Midangte umlouhna mun ah huleh koimah phawh louhna mun ah, ahung thasia va huleh a na uh ahih maimai giap uhi. A polam kilanglou nate sangin, mite a muhpah theih uh nate chauh suh taangtun a sawm uhi. Hukhu jiah chu a tungva mite leh midang tampite mai kilat leh amaute phat a ut jiaah uh ahi.

Hujiahin mikhat in ginna a neih leh lungsiat beiin mahni-kipumpiaahna a bawl thei diai? Hichu hagaulam lungsiatna a taahsap jiah uh ahi. Amaute'n Pathian a chu amau a huleh amau a chu Pathian a ahi chih gingta a mahni a, a ngaihna a nei sih uhi.

Etsahna diingin, loubawlmi khat amah ngei lou a nasem a um leh loubawlmi mah khat kiloh a midang khat lou a nasem tehkaah in. Loubawlmi khat in amah ngei lou a, a sep chiangin ziingkal apat in nitaah dong a sempeih hi. Ama'n na bangmah a kallaha nuutsiat a nei sih a huleh bangmah bawllou mawngmawng um lou in a tong hi. Hizongleh kiloh a goih mikhat midang lou a, a va sep chiangin, natohna in a tha neih tengteng a zang sih hi, hizongleh huchih naahsangin, nit um mengmeng henla loh la in innlam kipai leh chiin a ngaihtuah hi. Pathian lalgam toh kisai zong hichibang mah ahi. Mite'n Pathian lungsiatna a lungtang va a neih louh chiangun, a loh chauh deih kilohtawm natongtu bangin Amah a diingin a tong maimai diing uhi. A kinep bang uh loh a muh louh chiangun a phun un a soisel diing uhi.

Hujiahin Kolosite 3:23-24 in hichiin a chi hi, "Huleh na bawl photmah uh mihingte diinga bawl bang hilouin, Lalpa a diing bangin lungluuttahin bawl un. Lalpa kawma patin kipaahman diing gou chu na mu diing uh chih hein; ajiahchu Lalpa natohsah na hi uh." Hagaulam lungsiatna tel lou a midangte panpih leh mahni kipumpiaahna chu Pathian toh a kisaikha sih hi, chihchu Pathian apat in lawmman bang i tang thei sih hi (Matthai 6:2).

Lungtang dihtah toh i kipumpiaah ut va ahihleh, i lungtang va hagaulam lungsiatna i neih uh a poimoh hi. Lungsiatna dihtah toh i lungtang uh i dimsah va ahihleh, i neih zousiah toh, midang in hung hepha in hepha sih zongleh, Lalpa kawm ah i hinna i pedoh thei nalai thouthou hi. Khuailu thaumei a kidet a mial laha a taang bangin, i neih zousiah i pedoh thei uhi. Thuhun Lui ah, siampute'n Pathian kawm a kithoihna sillat a lat diinga a thah chiangun, a si a theh va huleh maitaam meikuang ah a thau a halmang uhi. I Lalpa Jesu'n, i sual thoihna diinga latdoh ganta bangin, A sisan mal nunungpen leh tui chu mihingte sualna apat tatdohna diingin ahung taahsah hi. Ama'n kipumpiaahna dihtah etsahna ahung langsah hi.

Bang achia A kipumpiaahna chu hagau tampi hutdamna diinga nasem thei a um ahiai? Hukhu jiah ahihleh A kipumpiaahna chu lungsiatna bukim apat hung kuan ahihjiah ahi. Jesu'n A hinna tanpha kipiaahdohna diing tan ah Pathian deihzawng a subuching hi. A kikilhbeh hun nunungpen tan ah (Luke 23:34) hagaute a diingin haamteina A neihsah nalai hi. Hih kipumpiaahna dihtah jiahin, Pathian in Amah a domsang a huleh Vaangam ah dinmun loupipen A piaah hi.

Hujiahin, Philipite 2:9-10 in hichiin a chi hi, "Huchihjiahin Pathian in zong amah chu nasatahin atawisaangta a, min lahlaha min tungnungpeen apeta hi; Huchia Jesu mina mi zousiah, vaan a sil umte, leia sil umte, huleh lei nuaia sil umte akhuupdin hi."

Duhamna leh ngaihtuahna siangthou lou i paihmang va huleh Jesu banga lungtang siangthou toh i kipumpiaah va ahihleh, Pathian in ahung domsang diinga huleh dinmun sangtah ah ahung koih diing hi. I Lalpa'n Matthai 5:8 ah hichiin ahung chiam hi, "Lungtang siangthoute a hampha uhi, ajiahchu Pathian mu diing ahi ngal va." Hujiahin, kimaituah a Pathian muthei diingin gualzawlna i tan uh a ngai hi.

Dihtatna Khel a Pai Lungsiatna

Pastor Yang Won Sohn chu 'Lungsiatna Atomic Bomb'a kichi hi. Ama'n lungsiatna dihtah toh kipumpiaahna kibawl etsahna a langsah hi. A tha neih zousiah toh phaahte a enkol hi. Japante'n Korea gam a opkhum laiun Japante gaal biaahna mun a biaahna neih diing a ut louh jiahin suangkul ah a taang hi. Pathian a diinga hitobang a, a kipiaahdoh nung, tanchin lungphawngtah khat a zaah diing a um hi. October 1948 laiin, gam vaihawmtute doua helna ah langpangpawl sepaihte'n a tapa nih a that uhi.

Mi nautaangte'n Pathian kawm ah phun in hichiin a chi diing uhi, "Pathian um ahihleh, bang chidana hikhu ka tung a bawl diing ahiai?" Hizongleh ama'n a tapa nihte chu martar a si a huleh Vaangam a Lalpa kawm a um ahihjiahun kipaahthu a soi hi. Huban ah, a tapa nih that mihelte a ngaihdam a huleh amah tapa bangin a la in a enkol hi.l Ama'n a tapate kivuina mun ah mi tampi lungtang nasataha khoih kipaahthu lam kua in Pathian kawm ah a soi hi.

"Khatna ah, ka tapate chu kei sisan gui a piang hizongleh uh martar a, a sih jiahun ka kipaah hi, ajiahchu kei chu giitlouhna a dim ka hi.

Nihna, gingtu inkuan tampite laha hih mi manphatahte kei inkuan a mi ahihjiahun Pathian kawm ah kipaahthu ka soi hi.

Thumna, ka tapa khatna leh nihna, tapa thum leh tanu thum ka neihte laha melhoihpen tegel kithoih ahihjiahun ka kipaah hi.

Lina, tapa khat chauh martar a piaahdoh a hahsa hi; hizongleh kei a diingin tapa nih martar hung hi ahi a, ka kipaah hi.

Ngana, Lalpa Jesu a ginna toh hamuangtaha sih chu gualzawlna ahi, huleh amaute'n tanchinhoih a soi lai va kap leh thah a um martarna loupina tang ahihjiahun ka kipaah hi.

Guupna, United States a lehkhasim diinga kisa ahi va, huleh tuin vaangam ah a chiahta uh, huchu United States sanga nasapi a mun hoihzaw ahi. Ka tawl a dam a huleh ka kipaah ahi.

Sagihna, ka tapate thattu, tu in ka ta banga ka laah theih jiahin Pathian kawm ah kipaahthu ka soi hi.

Giatna, ka tapa nihte martarna tungtawn in Vaangam gah tampi a um diing chih ka gintaat jiahin ka kipaah hi.

Kuaahna, hitobang hun hahsa nasan a nuam thei a hung umsah Pathian lungsiatna hedohsahtu Pathian kawm ah kipaahthu ka soi hi."

Damloute enkol diingin, Pastor Yang Won Sohn chu Korea Gaal umlai nasan in a pawtdoh sih hi. Amah chu a tawp in 'communist' sepaihte khut ah martar in a si hi. Midangte'n a nuutsiat keei uh damloute a keem a, huleh a tapate thattu a meelma chu hoihna in a enkol hi. Amah chu a bawl bangin a kipumpiaah thei hi ajiahchu amah chu Pathian a diing leh hagau dangte a diingin lungsiatna dihtahin a dim hi.

Kolosite 3:14 ah Pathian in hichibangin i kawm ah A soi hi, "Hih silte zousiah khel ah lungsiatna, kipumkhatna diinga hung kaantu hoihbukim umsah un." Angel thusoi kilawmtahte soi in huleh soilawh theihna nei in huleh taang kisuansah thei ginna nei in, huleh a poimohte a diingin kipumpiaah mahlei, lungsiatna dihtah toh bawl ahihlouh sungsiah Pathian mitmuh hih natoh chu a bukim ahi sih hi. Tuin, Pathian lungsiatna phaahtawp nei lou heetna diing lungsiatna dihtah in a tuun umzia chih i en diing uhi.

Lungsiatna Umziate

"Lungsiatnain athuaahthei a, huleh aching a; lungsiatnain athangse sih a; lungsiatna chu akiphat sih a, akiuangsah sih hi. Akilawmlouin agamta sih a, amah diing chauh angaihtuah sih a, alungthahbaih sih a, silgilou angaihtuah sih hi; Dihtatlouhna ah akipaah sih a, hizongleh thutah ah akipaah hi; Sil zousiah puaahdaan asiam a, sil zousiah agingta a, sil zousiah alamen a, sil zousiah athuaah mualsuaah hi."
1 Korinthete 13:4-7

Matthai 24 ah, Jesu chu Jerusalem en in, a hun hung tung diing hita chih he in, a lunggim mahmah chih i mu uhi. Pathian silphatuam bawlsahna ah kross a kikhaikaang diing ahi a, ahihvangin Judate leh Jerusalem tunga siatna hung tung diing a ngaihtuah chiangin, lunggim a kah louhngal bangmah A bawl thei sih hi. Nungjuite'n limdang sa in dotna a dong uhi: "Na hung kiitna diing, huleh hun tawpna diing chiamchihna bang ahiai?" (c. 3)

Hujiahin, Jesu'n chiamchihna tampi A hilh a, huleh dahtahin lungsiatna chu a dai diing A chi hi: "Ajiahchu daanbeina ahung uang diinga, mi tampi lungsiatna ahung dai diing hi" (c. 12).

Tuni in, mite lungsiatna a dai deuhdeuh chih i mu thei uhi. Mi tampite'n lungsiatna a hawl va, hizongleh lungsiatna dihtah bang ahiai chih a he sih uhi, chihchu hagaulam lungsiatna bang ahiai chih. Lungsiatna dihtah chu i deih man a mawh neih theih ahi sih hi. Pathian lungsiatna i lungtang a ahung luut chiangin i nei pan thei uhi. Huchiangleh bang ahiai chih i hesiam thei pan a huleh i lungtang vapat gilou i paihmang thei pan uhi.

Romte 5:5 in hichiin a chi hi, "...huleh kinepnain chu ajahtasah sih; ajiahchu hu Hagau Siangthou i kawma ahung piaahin Pathian lungsiatna i lungtangvah aleihleet ta hi." A kisoi bangin, i lungtang va Hagau Siangthou tungtawn in Pathian lungsiatna i phawhpha thei uhi.

Pathian in hagaulam lungsiatna umziate chih toh kisai 1 Korinthete 13:4-7 ah ahung hilh hi. Pathian tate chu hute zil leh jui a huchia mite hagaulam lungsiatna phawhsah diinga sawllehte ahung hih diing uh a poimoh hi.

1. Lungsiatna in a Thuahthei

Mi khat in thuaahtheihna a taahsap chiangin, hagaulam lungsiatna umzia dang tengteng lah ah, ama'n baihlamtahin midangte a sulungke thei hi. Etsahna diingin vaisaitu khat in koiahakhat natoh diing a piaah a, huleh hu mipa'n a na chu hoihtahin a semdoh sih hi. Huchiangin, vaisaitu in a na chu kintahin midang kawm ah a zoh diingin a piaah hi. A tuunga na kipepa chu a toh hoih louh bawl dihna diinga hun a kipiaah kiit louh jiahin a lunglel maithei hi. Pathian in 'thuaahtheihna' chu hagaulam lungsiatna umziate laha a masapen ah A koih hi ajiahchu hichu hagaulam lungsiatna chituhna diinga umzia bulpipen ahi. Lungsiatna i neih va ahihleh, silk hat ngaah chu a chimtaahhuai sih hi.

Khatvei Pathian lungsiatna i heetdoh uh kalsiah, i kiim a mite toh huh lungsiatna i kikop sawm uhi. Khatveivei hitobanga midangte lungsiat i tup chiangin, mite apat in dawnna hoih lou i lungtang sukeeh ahihlouhleh manna ahihlouhleh siatna tampi hung tut thei i dong hi Huchiangleh, hutobang mite'n meel kilawmna a nei nawn sih va, huleh amaute chu i hesiam thei nawn sih diing uhi. Hagaulam lungsiatna neihna diingin, hutobang mite nasan tunga i thuaahtheih uh leh i lungsiat uh a poimoh hi. Amaute'n ahung simmohbawl va, huat va, ahihlouhleh a jiah bei a, dinmun hahsataha ahung koih va ahihleh, thuaahthei diing leh amaute lungsiat diinga i lungsim uh i thunun diing uh ahi.

Kouhtuam member khat in zi lungkiatna nei a diinga haamteisah diingin ahung ngen hi. Ama'n amah chu zungawlvei ahi chih zong ahung hilh a huleh zu a dawn photleh mi chituamtah khat ahung suaah huleh a inkuanpihte tung hahsatna tamtah a tut veu hi. A zi chu, bangteng hileh, a thuaahthei mahmah a huleh a dihlouhna zousiah lungsiatna toh a khuhkhum sawm veu hi. Hizongleh a nungchang a kiheng keei sih hi, huleh hun hung pai jel in zulungvei ahung suaah hi. A zi in hin diing thanopna a nei nawn sih a huleh amahnu chu lungkiatna in a dimta hi.

A zudawn jiahin a inkuanpihte tung ah hahsatna namenlou a tut hi, hizongleh ka haamteisah diingin a zi lungsiat nalai jiahin ka kawm ah ahung pai hi. A tanchin ka ngaihkhiaah nung in, a kawm ah hichiin ka chi hi, "Na zi na lungsiat tahtah a ahihleh, nahzial teep leh zudawn khawlsan bang ahiai a hahsatna?" Bangmah a soi sih a huleh amah a kimuanna a nei sih hi. A inkote ka thuaahpih mahmah hi. A zi lungkiatna damna diingin ka haamtei a, huleh nahzial leh zu a ngawl theihna diingin ka haamteisah hi. Pathian silbawltheihna chu a limdang hi! Haamteina zohzoh in zudawn diing ngaihtuahna khawlsan theihna a nei hi. A ma in zudawn khawlsanna diing lampi a um sih hi, hizongleh haamteina neih zoh in a khawl ngal hi. A zi zong a lungkiatna apat in suhdam in a um hi.

Thuaahthei a Umna chu Hagaulam Lungsiatna chu Kipatna ahi

Hagaulam lungsiatna chituhna diingin, bangtobang dinmun ah zong i thuaahzoh uh a ngai hi. Na dohzohna ah nuammohsana na nei ei? Ahihlouhleh, hih tangthu a a zinu bangin, hun sawtpi a thuaahzou a na um jiah leh a dinmun a hoihlam a kihen het louh jiahin na lung a kia ei? Huchi ahihleh, a dinmun ahihlouhleh midangte ngoh ma in, i lungtang i et masat a ngai hi. I lungtang va a bukim a thudih i chituh va ahihleh, i thuaahzohlouhna diing uh bangmah a um sih hi. Chihchu, i thuaahzoh louh va ahihleh, i lungtang un gilou, thudihlou, a pai nalai ahi, hu chiangchiang ah thuaahtheihna i tasam nalai uhi.

Thuaahtheih kichi umzia chu lungsiatna dihtah suhlatna i tup chianga eimah leh i hahsatna i tuaah tengteng a thuaahtheih ahi. Pathian Thu mang a michih lungsiat i tup chiangin dinmun hahsate i tuaah hi, huleh hichu huh dinmun zousiah a thuaahtheih chu hagaulam lungsiatna a thuaahtheihna ahi.

Hih thuaahtheihna chu Galatiate 5:22-23 a Hagau Siangthou gah kuate laha khat thuaahtheihna toh a kibang sih hi. Bangchidan a kibanglou ahiai? "Thuaahtheihna" Hagau Siangthou gah kuate laha khat khu in Pathian lalgam leh dihtatna diingin silbangkim ah thuaahthei diingin ahung phu hi, huchih laiin hagaulam lungsiatna a thuaahtheihna chu hagaulam lungsiatna chituhna diinga thuaahtheih ahi, huleh huchiin umzia neuzaw leh kichianzaw a nei hi. Thuaahtheihna Hagau Siangthou

Hagau Siangthou Gah Kuate laha Thuaahtheihna

1. Hichu thutahlou zousiah paihmang a huleh lungtang chu thutah a chituh ahi

2. Hichu midangte heetsiam, a phattuamna diing uh hawlsah, huleh amaute toh kilem a um ahi

3. Hichu haamteina dawnna, hutdamna, huleh Pathian in ahung chiam silte muhna ahi

gah kuate laha khat chu hih sung ah a um i chi thei hi.

Tuni hun ah, mite'n a van neih uh ahihlouh hoihna neukhat tunga siatna a tut chiangun midangte tung ah heehna a bawlpah uhi. Mite lah ah kiheehna a leet in a luang hi. Tampi vei a zite uh leh a pasalte a heeh va, ahihlouhleh a pate ahihlouhleh tate ngei uh zong a heeh uhi. Midangte tunga na thuaahtheih leh, mite'n mingol chiin ahung chiamnuihbawl maithei uhi. Hizongleh Jesu'n bang a soi ei?

Matthai 5:39 ah hichia gelh ahi, "Hizongleh kenchu na kawmvah ka soi ahi, Migilou thuh sih un; Hizongleh koipouhin na ngeiphe jiatlam abeh leh alehlam zong doh jaw in," huleh Matthai 5:40 ah, "Huleh mi koipouhin na tunga thusia bawla, na puannaah laah atup leh na puanjaal zong lasah ngaalin."

Jesu'n gilou chu gilou a thuh louh diinga ahung hilh chauh hilou in, hizongleh thuaah thei diingin ahung hilh hi. Migiloute tung silhoih bawl diingin zong ahung hilh hi. 'I lungthah a huleh suhnat a i um leh bangchiin silhoih i bawl thei diai?' chiin i ngaihtuah maithei hi. Ginna leh lungsiatna i neih va ahihleh, i thei thamtham uhi. Hichu Pathian i sualna jiah a siamtansahna diinga A Tapa neihsun hung pepa lungsiatna ginna ahi. Hitobang lungsiatna i tang uh chih i gintaat va ahihleh, huchiin i tung gimthuaahna leh liamna nasatah hung tutte nasan i ngaihdam thei uhi. Pathian ei a diinga A Tapa neihsun hung piaahdohna tanpha a hung lungsiattu i lungsiat va ahihleh, huleh ei a diinga A hinna hung pia Lalpa i lungsiat va ahihleh, koipouh leh michih i lungsiat thei uhi.

Gamgi Nei Lou Thuaahtheihna

Mi khenkhatte'n a huatna, lungthahna, ahihlouhleh lungphu leh ngaihtuahna hoihloute a thuaahtheihna uh gamgi tan a tun a huleh a tawp a ahung pawhzaah tan tung jel khuh a koihmang thei uhi. Mi zahkai khenkhatte'n sil a soi pahpah ngei sih va, hizongleh a lungtang a thuaah mai uhi, huleh hikhu in lunggim beehseehna jiahin damlouhna deihhuailou a tut hi. Hutobang thuaahtheihna chu 'spring' khuta kisawntum tobang ahi. Na khut na laahdoh a ahihleh, ahung kitawmdoh diing hi.

Pathian in i neih diinga A deih thuaahtheihna chu lungsim kihenna um kei lou a, a tawp tandong a thuaahtheih ahi. A chiangzosem in, hitobang thuaahtheihna i neih chiangun, bangmah a thuahtheih a ngai sih hi. I lungtang ah huatna leh mudahna a um sih diinga, hizongleh hutobang ngaihtuahna hoih lou hung neisah sualna bulpi sumang in huleh lungsiatna leh khongaihna i suaahsah diing uhi. Hikhu chu thuaahtheihna hagaulam umzia hoihna ahi. I lungtang gilou i neih louh va hizongleh lungsiatna buching i neih va ahihleh, i meelmate nasan uh lungsiat chu a hahsa sih hi. A dihtahin, a khatna ah kimeelmatna ahung um diing i phal sih diing uhi.

I lungtang chu huatna, kihauna, enna, huleh thangsiatna a, a dim leh, midangte, mihoih hizongleh uh, a hoihlouhnate i mu masa diing uhi. Mitphawh na buh a, ahihleh na muh zousiah a mial deuh diing hi. A lehlam ah, i lungtang chu lungsiatna a, a dim leh, huchiangin, gilou a gamtangte zong a ngaihhuai thouthou diing uhi. A chinlouhna, hoihlouhna, ahihlouhleh chauhna a neih zousiah uh toh zong i ho tuan sih diing uhi. Hung hua in huleh i tung ah gilou zongleh uh, i hothuh sih diing uhi.

Thuaahtheihna chu Jesu 'pumpeeng tan lou ahihlouhleh meiam sumit lou' lungtang ah zong a um hi. Hikhu chu Stephen 'Lalpa, hih sualna a tung vah tusah sin!' (Silbawlte 7:60) chia amah suang septute a diinga haamteipa lungtang ahi. Amaute'n a kawm va tanchinhoih a soi jiahin suang in a sep uhi. Jesu a diingin misualte lungsiat a hahsa diai? Hahsa het lou! Ajiahchu A lungtang chu thutah ngei ahi.

Nikhat Peter in Jesu dotna khat a dong hi. "Lalpa, ka sanggam sualna bangzah vei ka ngaidam diai? Sagih vei maw?" (Matthai 18:21) Huin Jesu'n hichiin A chi hi, "Sagih vei ka chi sih, hizongleh sagih mun sawmsagih vei" (c. 22).

Hih chu sawmsagih sagih vei, huchu 490 vei, chihna ahi sih hi. Hagaulam ah sagih in bukimna a ensah hi. Hujiahin, sawmsagih sagih vei kichi hi ngaihdamna bukim a ensah hi. Lungsiatna gamgi nei lou leh Jesu ngaihdamna i chiamkha thei uhi.

Hagaulam Lungsiatna Tongdoh Thuaahtheihna

A dihtahin zaankhat tuh a i huatna uh lungsiatna suaahsah chu a baih het sih hi. Hun sawtpi, tawp lou a, i thuahtheih uh a poimoh hi. Ephesite 4:26 in hichiin a chi hi, "Lungthah inla, hizongleh sual sin: na lungthahna ni in tumpih sih heh."

Hitah ah hichiin a chi hi, 'lungthah in' a chih chu ginna tawmte tung ah lungthah in A chih ahi. Pathian in hutobang mite chu a ginna uh tawm jiahin lungthah zongleh uh, nitum dong in a pai diing uh ahi sih, chihchu, 'hun sawtpi,' hizongleh hutobang ngaihtuah chiahmangsah diing ahi. Mikhat ginna buuhna sung ah, mikhat in a ngaihtuahna nuamlou hung sangsah in huleh a lungthahna a lungtang apat hung khangtou taleh, thuaahtheihna leh dohzohna toh hutobang ngaihtuahna a paihmang sawm a ahihleh, a lungtang chu thutah in ahung kiheng thei a huleh hagaulam lungsiatna chu a lungtang ah neukhat khat in ahung kang diing hi.

Lungtang sung thuuhtah zung hata pianken sualna toh kisai in, mikhat in Hagau Siangthou a dim in guntuhtaha a haamtei in a paihmang thei hi. Mi ngaihhuai i sah louhte zong deihsahna toh i et va huleh natoh hoih i muhsah diing uh ahi. Huchia i bawl chiangin, i lungtang a huatna ahung beipah diinga, huleh hutobang mite chu i lungsiat thei diing uhi. Kihauna i nei sih diinga huleh koimah i ho sih diing hi. Lalpa'n "Hujiahin ngai un, Pathian lalgam chu na lah vah a um hi" (Luke 17:21) a chih bangin Vaangam a tobangin hinkhua nuam i zang thei diing uhi.

Mite a kipaah beehseeh chiangun Vaangam a um tobang ka hi a chi uhi. Huchimahbangin, vaan lalgam na lah va um kichi in thutah lou zousiah na lungtang vapat koihmang a huleh thutah, lungsiatna leh hoihna a dim chihna ahi. Huchi ahih chiangleh na thuaahtheih a ngai sih diing, ajiahchu na kipaah leh nuam leh khotuahna buching nei in na um zing hi, huleh na kiim a mi koipouh na lungsiat hi. Gilou na paihmang a huleh hoihn na mudoh sepdoh tam phot a ahihleh, thuahtheih poimohna a kiam hi. Hagaulam lungsiatna na tohdoh zahzah, na lungput sawn ngiam a thuaahtheih a ngai sih hi; lungsiatna toh midangte hung kihen diing chu thuahtheitah leh lungmuangtahin na ngaahzou diing hi.

Vaangam ah mittuite, dahnate, huleh natnate a um sih hi. Vaangam a gilou a um het louh jiahin huleh hoihna leh lungsiatna chauh a um jiahin, koimah na ho sih diinga, koimah tung ah na lungthah ahihlouhleh na heh pahpah sih diing hi. Hujiahin, na lungput na kideeh leh na kithunun a ngai sih diing hi. A dihtahin i Pathian chu bangmah ah a thuaahtheih a ngai sih hi ajiahchu Amah ngei chu Lungsiatna ahi. Bible in 'Lungsiatn chu a thuaahthei' a chihna jiah chu, mihing hihna dawl ah, hagau leh ngaihtuahna leh lungsim puaahdan i nei uhi. Pathian mite heetsiamsah A ut hi. Giloute na paihmang a huleh hoihna na tohdoh tam photleh, thuaahtheihna na mamoh tawm semsem hi.

Thuaahtheihna Tungtawn a Meelmate Lawm Suaahsah

Abraham Lincoln, United States president sawmlehguupna, huleh Edwin Stanton te chu ukil ahih laiun a kikal uh a hoih sih hi. Stanton chu mihausa insung apat hung kipan ahi a huleh zilna hoihtah a nei hi. Lincoln pa chu keengtophah bawl zawngtah ahi huleh ama'n pawl ngiamtah a sim hi. Stanton in Lincoln chu thu hoihlou tahtah in a enghou veu hi. Hizongleh Lincoln chu a lungthah ngei sih hi, huleh huatna toh a dawng ngei kei sih hi.

Lincoln chu president a ahung pan nung in, Stanton chu 'Secretary of War,' a vaihawmna sunga dinmun poimohpente laha khat, in a pangsah hi. Lincoln in Stanton chu humun a diinga kituaahpen ahi chih a he hi. Hu nung in, Lincoln chu Ford Theater kichi mun a kaplup ahih in, mi tampi a hinna uh humbit sawm in a tai uhi. Hizongleh Stanton chu Lincoln lam zuan in tangtahin a tai hi. Lincoln angpom in huleh a mit a mittui dim in, hichiin a chi hi, "Hitah ah khovel pumpi mitmuh in mi thupipen a lum hi. Amah chu khangthu a diinga lamkai thupipen ahi."

Hagaulam lungsiatna a thuaahtheihna in meelmate lawm a hen

theihna silmah ahung tungsah thei hi. Matthai 5:45 in hichiin a chi hi, says, "...huchiin na Pa uh vaana um tate na hi thei diing uhi; ajiahchu ama'n migiloute leh mihoihte tungah ani asuaahsaha, huleh miditatte leh midihtatloute tungah zong guah ajusah hi."

Pathian chu gilou bawl mite tung nasan ah, nikhat chianga ahung kihen uh deihna in, A thuaahthei hi. Migiloute gilou a i thuh leh, ei zong gilou i hi chihna ahi, hizongleh Pathian lawmman hung pe diingpa lam entou a i thuaahtheih va huleh i lungsiat uleh, a khonung chiangin Vaangam ah tenna mun diing kilawmtah i tang diing uhi (Psalm 37:8-9).

2. Lungsiatna a Ching

Aesop tangthute lah ah nisa leh huih tangthu khat a um hi. Nikhat chu nisa leh huih kichoutuah in koi in lampi a hung pai khat puannaah a suahzou masazaw diai chiin. Huih a hung kipan masa hi, huleh hung kichapousah in singkung nasan kiphungkalh khop in ahung nung hi. Mipa chu a puannaah in a kituun hoih semsem hi. A ban ah, nisa in, nui kawm in, ahung sa hiaihiai hi. Ahung lum chiangin, mipa'n sa ahung sa a huleh a puannaah silh ahung suut hi.

Hih tangthu in zil diing hoih ahung piaah hi. Huih in mipa chu a puannaah suah diingin a noh a, hizongleh nisa in mipa chu amah deihna banga a puannaah suah diingin a bawl hi. Nunnemna chu hutobang deuh ahi. Nunnemna chu midangte lungtang khoih leh zoh, thagum hilou in, hizongleh hoihna leh lungsiatna toh ahi.

Nunnemna in Mi Koi Hizongleh A Pom hi

Koipouh nunnemna nei in mi koipouh a pom thei hi, huleh mi tampi a kawm ah a khawldam thei hi. Dictionari a nunnemna kisoidan khat chu hi, 'nunnem hihna ahihlouhleh dinmun' chih ahi, huleh nunnem kichi chu thuaahzohna neihna ahi. Pat them khat ngaihtuah lechin, nunnemna na hesiam thei diing hi. Pat chu sil khat in khen zongleh chin thawm a nei sih hi. Sil dang zousiah a pom veh hi.

Huleh, mi nunnem chu singkung mi tampi in a belh theih uh tobang ahi. Nipi nisat laitaha nisa apat kivenna diinga singphung lianpi khat nuai a na um a ahihleh, nuam na sa in huleh vot na sa hi. Huchimahbangin, mi khat in lungtang nunnem a neih a ahihleh, mi tampi chu hutobang mipa pang a um a huleh tawldam a ut diing uhi.

A taangpi in, mi khat a nunnem a huleh a nem mahmah chiangin amah subuai koitobang khat tung a lungthah sih a, huleh amah ngaihdan a paipih teitei sih a, mi kingaingiam leh lungtang nunnem chih in a um hi. Hizongleh bangchituha nem in huleh kingaingiam zongleh hutobang hoihna chu Pathian in A heetpih louh a ahihleh, amah chu kingaingiam tahtah ahi a chih theih sih diing hi. Mi khenkhat a hihna va haatlou leh lungsim kihong lou ahih jiah va midangte thu mang a um uhi. Mikhat midangte'n amau tung a sil hoihlou a bawl chiang va zong a lungthahna uh kideeh zou a um uhi. Hizongleh amaute chu mi nunnem a kichi thei sih hi. Giitlouhna nei lou hizongleh a lungtang va lungsiatna nei mite'n hagaulam kingaihngiamna toh mi giloute a pom un huleh a dohzou uhi.

Pathian in Hagaulam Nunnemna A Deih

Hagaulam nunnemna chu giitlouhna nei lou a hagaulam lungsiatna a dimna apat a hung kuandoh ahi. Hitobang hagaulam nunnemna toh koimah lang ah na pang sih a amah na pom hi, bangtobang a misual khat hizongleh. Huleh, a pil na hih jiahin a dohzou hi. Hizongleh mi koipouh a jiah bei a i heetsiam va huleh i ngaihdam va huleh a tung va i nem man un nunnem in i kikoih ziang thei sih hi chih i manghilh sih diing uhi. Midangte mapui leh thuzoh thei diinga dihtatna, zahhuaina huleh thuneihna zong i neih diing uh ahi. Huchiin, hagaulam a mi nunnem khat chu a nem chauh hilou in, hizongleh a pil in a dih ahi. Hutobang mi khat chu ettontaah dinmun ah a ding hi. Hagaulam nunnemna toh kisai a, a chiangzosem a soi in, hichu lungtang sunga kingaihngiamna leh a polam a nemna hoihna neih ahi.

Lungtang nunnem gilou tel lou hizongleh hoihna chauh i neih zong uleh, sunglam a nemna chauh i neih va ahihleh, huh nemna chauh in midangte pomna leh a tung va a hoihlam a thuzohna ahung neisah sih diing hi. Hujiahin, sunglam nunnemna chauh i neih louh va, hizongleh a polam a zong silphalna hoihna i neih chiangun, i nunnemna chu ahung bukim thei in huleh silbawltheihna thupizaw i langsah uhi. Kiphalna lungtang nunnem toh kithuah i neih uh chiangin, mi tampi lungtang i zou thei un huleh sil tampi i tongdoh thei uhi.

Mikhat in midangte lampi dih a mapui theihna diinga lungtang a hoihna leh nunnemna, khongaihna a dimna, huleh kiphalna hoihna a neih chiangin midangte kawm ah lungsiatna dihtah a langsah thei hi. Huchiangleh, ama'n hutdamna lampi, lampi dih ah hagau tampi a puiluut thei hi. A sunglam a nunnemna chu a polam kiphalna hoihna bei in ahung vaahdoh thei sih hi. Tuin, sunglam nunnemna chihtuhna diinga bang i bawl diing uh ahiai chih i en masa diing uhi.

Sunglam Nunnemna Buuhna diing Tehna chu Kisuhsiangthouna ahi

Nunnemna suhbuchinna diingin, a masapen in, lungtang apat giloute paihmang a huleh kisuhsiangthou diing ahi. Lungtang nunnem chu pat tobang ahi, huleh mikhat chu suahngaltahin gamtaang zongleh, bangmah thawm nei lou in huh mipa chu a pom hi. Mikhat lungtang nunnem nei in gilou a nei sih a huleh mi koimah toh kinahna a nei sih uhi. Hizongleh huatna lungtang hiamtah i neih a ahihleh, thangsiatna le henna ahihlouhleh mahni-kidihtatsahna lungtang taahtah leh kituhluutlouhna ngaihtuahna i neih a ahihleh, midangte pom a hahsa hi.

Suang khat a kiaah a huleh suang dangkhat ahihlouhleh siih hal sahdeuh khat a khaahkhum a ahihleh, thawm a nei a huleh a kitaltuandoh hi. Huchi mahbangin, i tahsalam mimal a hin nalai a ahihleh, nuamsahlouhna neupen jiah chauh hizongleh, i nopsahlouhna i kilangsah pahpah uhi. Mite chu umdan a taahsapna leh dihlouhna dang nei a heetdoh ahih chiangun, amaute kiheetmohbawl, gum ahihlouhleh heetsiamna nei lou in huchih naahsangin amaute i thutankhum un, mohpaih un, soisia in huleh i eengbawl maithei uhi. Huchiangleh hih umzia chu eite chu beel neucha, bangahakhat na koih sawm a ahihleh dimlet tobang ahi.

Hichu lungtang neucha sil sianglou tampi a dim sil dang bangmah pomna diing a mun awng dang um nawn lou ahi. Etsahna diingin, midangte'n i dihlouhna ahung kawhdoh chiangun nuammoh i maithei uhi. Ahihlouhleh, midangte kihougu i muh chiangin, ei hung soi leh bang soi ahi viai chiin i ngaihtuah uhi. Midangte nasan zong ei ahung et zual jiahun i thutankhum uhi.

Lungtang a gilou neihlouh chu nunnemna chituhna diinga sil bulpi ahi. A jiah ahihleh gilou i neih louh chiangun midangte i lungtang vah i phawh zing thei va huleh hoihna leh lungsiatna tungtawn in i mu thei uhi. Mi nunnem in midangte chu hehpihna leh khotuahna toh hun zousiah ah i en thei uhi. Ama'n midangte chu thutanna ahihlouhleh mohpaihna diing ngaihtuahna himhim a nei sih hi; lungsiatn leh hoihna toh midangte heetsiam a tum a huleh mi lungtang giloute chu a hoihna jalin a nem diing uhi.

Midangte hilhtute leh mapuitute a kisuahsiangthou uh chu a poimoh tahzet hi. Giitlouhna a neih chiangchiang vah, a tahsalam ngaihtuahna uh a zang diing uhi. Huchi chiang chiang ah, mipite dinmunte dihtahin a hesiam thei sih va, huchiin hagaute chu hampa hing leh tui dai dide lah ah a pui thei sih uhi. I kisuhsiangthou veh chiangun Hagau Siangthou mapuina i tang thei un huleh belaamte dinmun i hesiam thei pan uhi. Pathian a kisusiangthou vehte chauh nunnem dihtah in A he hi. Mi tuamtuam in bangtobang mite chu mi nunnem ahi viai chih tehna tuamtuam a nei uhi. Hizongleh mihingte mitmuh a nunnemna leh Pathian mitmuha nunnemna a kibang sih hi.

Pathian in Mosi Nunnemna A Heetpih

Bible, Mosi chu a nunnemna jalin Pathian in A he hi. Kisimbu Bung 2na ah Pathian heetpha a um a poimohna i he thei uhi. Khatvei Mosi sanggampa Aaron leh a zi Miriam in Cush numei a neih jiahin a soisia uhi.

Kisimbu 12:2 in hichiin a chi hi, "...Huleh amahun, Lalpa'n Mosi kawma chauh ahiaimah thu asoi? eiuh kawma zong asoi sih eimah? achiva. Lalpa'n huchu aja a." Pathian in a thusoi uh toh kisai bang a soi ei? "Amah toh chu haamkamin, chiantahin, thuguuh umlouin ka kihou diing va; Lalpa meel batpih amu diing: huchi ahihjiahin bangchidaana ka suaah Mosi soise ngam na hi viai? achi a" (Kisimbu 12:8).

Aaron leh Miriam te kidihsah kawm a Mosi tungtaang a soi un Pathian a sulangthah hi. Hukhu jiahin Miriam ahung phaah hi. Aaron chu Mosi a diinga thusa tobang ahi a huleh Miriam zong mipite laha lamkaitu khat ahi. Amaute chu Pathian in lungsiat mahmah hia kingaihtuah in, Mosi in silkhat ahung bawl dihlou chiangin a soisepahngal uhi.

Pathian in Aaron leh Miriam in amau tehna dungjuia Mosi a mohsah va huleh a lang a thu a soi uh A pom sih hi. Mosi chu bangtobang mi ahiai? Amah chu Pathian leitung a mi kingaingiampen leh kingaitawmpen in a he hi. Amah chu Pathian innsung zousiah ah a ginum a, huleh hikhu jiahin Pathian in amah A muang mahmah a huchiin kam ngei in khat leh khat a kihoutuah uhi.

Israel mipite Aigupta apat ahung suaahtaat uh leh Canaan gam a luut uh paizia i et a ahihleh, Pathian in Mosi A heetphaahna a saandan i hesiam thei uhi. Aigupta apat hung pawtdohte'n sual bawl zihzeh in, Pathian deihdan kal in a um veu uhi. Mosi kawm ah a phunchiaah va huleh hahsatna neuchacha jalin amah a ngoh uhi, huleh hichu Pathian tung phunchiaahna tobang ahi. A phunchiaah teng un, Mosi in Pathian hehpihna a ngen hi.

Mosi nunnemna kilatna hun muhnophuaitah khat a um hi. Sinai taang tunga thupiaahte la diinga Mosi a um laiin, mipite'n milim – sana bawngnou – ana bawl va, biaahna a neih laiun a ne va, a dawn va huleh umdan thaanghuaitahin a um uhi. Aigiupta mite'n pathian chu bawngtal leh bawngpi tobang a biaah va huleh huh pathiante lem a chiing uhi. Pathian in Amah chu amaute toh A um chih tampi vei A lah a, hizongleh kihenna chiamchihna diing mawngmawng amaute ah a kilang sih hi. A tawp in, Pathian lungthahna a tung vah ahung tu hi. Hizongleh hih hun ah Mosi in amah hinna tanpha kipedoh ngaap in amaute a diingin a ngetsah hi: "Ahiin tuin a sualna uh na ngaihdam diing inchu – huleh na ngaihdamlouh diing inchu na lehkhabu gelhsa a'pat hehpihtahin hung thaaimang in, achi a" (Pawtdohbu 32:32).

'Na lehkhabu Na gelhsa' kichi in hinna lehkhabu hutdam a umte min kikhumna a kawh hi. Hinna lehkhabu a na min nuaimang ahihleh, hutdam na hih thei sih diing hi. Hutdamna na tang sih chihna chauh hilou in, hizongleh Meidiil ah kumtuang a gimthuaah in na um diing chihna ahi. Mosi in sih nunga hinna toh kisai hoihtahin a he hi, hizongleh amah hutdamna tanpha taan diing hizongleh ama'n mite a hutdam nuam tahzet hi. Hutobang Mosi lungtang chu Pathian koimah beimang diing deihloupa lungtang toh a kibang mahmah hi.

Mosi in Sawina tungtawn in Nunnemna a Chituh hi

A dihtahin, Mosi in a tuung apat in hutobang nunnemna a nei sih hi. Hebrai mi khat hizongleh Aigupta kumpi tanu tapa khat banga khoilet ahi a, huleh bangmah taahsap a nei sih hi. Aigupta hcctna sangpen ah siamzil in leh kisualdan siamna zil in a um hi. Ni khat, Aigupta mi khat in Hebrai mi a jep a mu a, huleh amah kidihtatsah in, Aigupta mipa a that hi.

Hikhu jiahin, zaan khat thu in taimangpa ahung suaah hi. Vangphathuaitahin, Midian siampupa panpihna toh gamdai ah belaampu in ahung pang hi, hizongleh bangkim a mangsah hi. Belaam ching a um chu Aigupta mite ngaih in sil ngiamtah ahi. Kum sawmli sung chu a muhngiam mahmah khat a bawl ngai in ahung um hi. Huchih laiin amah chu ahung kingaingiam a, huchia Pathian lungsiatna leh hinna toh kisai sil tampi hung hesiam in a um hi.

Pathian in Mosi, Aigupta kumpi tapa, chu Israel mipite lamkai hi diingin a kou sih hi. Pathian in Mosi belaampu Pathian in A kouh hun a tampi vei ana kingaingiam A kou hi. Amah a pumlum in a kingaingiam a huleh sawina jalin a lungtang apat in gilou a paihmang a, huleh hikhu jalin mihing 600,000 val Aigupta apat puidoh leh Canaan gam tan ah a puiluut thei hi.

Huchiin, nunnemna chituhna a poimohna khat chu sawina i tuaah diinga hung kiphalsahte palkai a Pathian mai eimah leh eimah kingaihngiamna jala hoihna leh lungsiatna chituh a ngai hi. I kingaihngiamna chiangchiang in i nunnemna a kilimdanna a neisah hi. Tu leh tu a i ngaihtuahna chianga i lungkim leh bangtanahakhat ah thudih i chituhta a huleh Aaron leh Miriam te bangin midangte'n ahung hephata va, i hung kisathei semsem diing uhi.

Hoihna a Kiphalna in Hagaulam Nunnemna a Subukim hi

Hagaulam nunnemna chituhna diingin gilou a kilong photmah i paihmangna tungtawn va i hung siangthou uh chih chauh hilou in, hoihna kiphalna zong i chituh diing uh ahi. Hoihna kiphalna chu liantaha heetsiam leh dihtaha midangte pom ahi; mihingte mohpuaahna dungjui a sil dih bawl a; huleh midangte haatlouhna leh chitlouhna heetsiamna tungtaawn a, midangte kipiaahlut leh kipiaahkhiatne neisah diing khop a nungchang neih ahi.

Hoihna kiphalna chu mite'n a silh uh puan tobang ahi. Bangchituhin i sunglam ah hoih zonglei, guaahtang i hih va ahihleh, midangte'n ahung munngiam diin guhi. Huchimahbangin, bangchituha nunnem hizonglei, hih hoihna kiphalna i neih louh va ahihleh i nunnemna manphatdan i lahdoh tahtah thei sih uhi. Etsahna diingin, mikhat a sunglam ah a nunnem hi, hizongleh midangte toh a kihou chiangin thu poimohlou tampi a soidoh veu hi. Hutobang mikhat in gilou tupna a nei sih hi, hizongleh ama'n midangte muanzohna a tang sih hi ajiahchu umdan siam ahihlouhleh lehkha siam in a kilang sih hi. Mi khenkhat in nunnemna a neih jiahun midangte muhdahna a nei sih va, huleh midangte tung ah bangmah a poi diing a bawl sih uhi. Hizongleh midangte a panpih louh va huleh midangte duattaha a kol louh va ahihleh, mi tampi lungtang zoh a hahsa hi.

Paahte rong kilawmtah ahihlouhleh gimnamtui nei loute'n, a zu tampi nei zongleh, khawite ahihlouhleh mitthah chihte amau lam ah a huup zou sih uhi. Huchi mahbangin, nunnem mahmah in huchiin i biang langkhat mite'n ahung bet chiangin a langlam doh mahlei, i thusoi leh gamtat a hoihna kiphalna i neih ngallouhleh i nunnemna chu taangdoh thei tahtah sih hi. Nunnemna dihtah chu sepdoh ahi huleh sunglam a nunnemna in hoihna kiphalna polam puannaah ahung chiang chauh in a manphatna dihtah ahung langsah thei hi.

Joseph in hih hoihna kiphalna a nei hi. Amah Jakob, Israel zousiah pa, tapa sawmlehkhatna ahi. Amah chu a sanggamte'n a hua va huleh Aigupta ah naupang chakhat ahih in suaah banga zuaah in a um hi. Hizongleh Pathian panpihna jalin kum sawmthum ahung hih in Aigupta 'prime minister' in ahung pang hi. Hu laiin Aigupta chu Nile a kibeem gam haattah khat ana hi ahi. Hichu 'khantouhna nauluai' (cradles of civilization) lite laha khat ahi. Vaihawmtute leh mipite'n amau ah kisahtheihna liantah a nei uhi, huleh gamdang a hung kuan mikhat a diingin 'prime minister' a hung pang chu sil baihlam ahi sih hi. Bawlkhelh khat a neih jenjen a ahihleh, kintaha a kitawp ngai diing ahi.

Hutobang dinmun ah zong, bangtanghileh, Joseph in Aigupta chu hoihtah leh piltahin a vaihawm hi. Amah chu a nunnem in huleh a kingaingiam hi, huleh a thusoi leh gamtat ah bawl dihlouh bangmah a nei sih hi. Ama'n vaihawmtu khat ahihna dawl ah pilna leh zahumna a nei hi. Ama'n kumpipa bang geih a thuneitu hihna a nei hi, hizongleh midangte a nuainetkhum sawm sih hi. Amah chu amah lam ah a khauh a, hizongleh midangte a diingin a kiphal in a nem mahmah hi. Hujiahin kumpipa leh vaihawmtu dangte'n amah muanzohlouhna ahiai ahihlouhleh thangsiatna a nei sih uhi; amah a muanna bukim a nei uhi. Hikhu toh kisai ahihleh Joseph inkote, kial apat suaahtatna diinga Canaan apat a Aigupta tan a luutte, Aigupta mite'n thanuamtaha ana vaidawn daan vapat in a muh theih hi.

Joseph Nunnemna chu Hoihna Kiphalna toh a Kijui hi

Mikhat in hitobang hoihna kiphalna a neih ahihleh, a umzia chu ama'n lungtang zautah a nei chihna ahi, huleh amah chu a thusoi leh natoh ah midih hizongleh amah dinmun apat in midangte tung thutanna a bawl in huleh mohpaihna a nei sih diing hi. Hih Joseph umdan chu a sanggamte, Aigupta gam a suaah a zuaahte, ann po diinga Aigupta a, a hung kuan un a chiang mahmah hi.

A masapen in, a sanggamte'n Joseph a he sih uhi. Kum sawmnih val mu lou a um ahih jiahun a heetsiamhuai hi. A ban ah, Joseph chu Aigupta 'prime minister' ana hi inteh chih ngaihtuahna mawngmawng a nei sih uhi. Tuin, Joseph in amah ana that dehtah huleh Aigupta gam suaah a ana sawltute a muh in bang lunggel a nei diai? A sualna man uh thuaahsah theihna silbawltheihna a nei hi. Hizongleh Joseph in phuba a la ut sih hi. A hihna a kiphual a huleh a lungtang nidang a tobang ahi nalai chih etna diingin etkhiaahna nih leh thum a bawl hi.

A dihtahin Joseph in amau leh amau a Pathian mai a, a sualnate uh a kisiihna diing va hun lemchang a piaah ahi, ajiahchu a pianpih uh sanggam ngei thah sawm a huleh gamdang a suaah diing zuaah kichi sil neucha ahi sih hi. Ama'n a baantang in a ngaidam ahihlouhleh a gawt sih hi, hizongleh a sanggamte amau mah a, a sual uh a kisiih theihna diing uh dinmun a pui a sawm hi. A tawp in, a sanggamte'n a bawlkhelh uh ahung heetdoh va huleh a kisiih chiangun, Joseph in a hihna ahung puangdoh hi.

Hu laitahin, a sanggamte ahung lauthawngta uhi. A hinna uh chu a sanggampa uh Joseph tu a Aigupta, hu laia leitung gam haatpen, 'prime minister' hipa khut a um hi. Hizongleh Joseph a silbawl uh bang diinga bawl ahi viai chih diing lunggel a nei sih hi. Ama'n "Tuin na sual man uh na piaah diing uh ahi," a chi sih hi. Hizongleh amaute a hamuan sawm a huleh a lungsim in zangkhaitahin a koih sawm hi. "Hujiahin tuin hilama na hung najuaah jiahun lunggim sih unla, kihehkhum tuan sih un; ajiahchu Pathian in hinna humbit diingin na ma-vah ahung na sawl ahi" (Siamchiilbu 45:5).

Ama'n silbangkim chu Pathian lemguat ahi chih a phawh hi. Joseph in a sanggamte a lungtang apat a ngaihdam chauh hilou in hizongleh a lungtang uh chu thu lungsim khoih mahmah toh, amaute hesiam in a hamuan hi. Hikhu umzia chu Joseph in meelmate tanpha khoih, polam a kilang hoihna kiphalna natoh a langsah hi. Joseph nunnemna hoihna kiphalna toh kijui chu Aiguptah sung leh kiim a mi tampi hinna hutdamna theihna bulpi leh Pathian siltup limdangtah suhbuchinna bulpi ahi. Tutan chianga kisoi bangin, hoihna kiphalna chu sunglam a nunnemna polam a suhlatna ahi, huleh hikhu in mihing tampite lungtang a zou thei a huleh silbawltheihna thupitah a langsah hi.

Hoihna Kiphalna Neihna diingin Kisuhsiangthouna a Poimoh hi

Kisuhsiangthouna tungtawn a sunglam nunnemna neih theih ahih mahbangin, hoihna kiphalna chu gilou i suhmang va huleh suhsiangthou i hung hih chiangun a chituh theih hi. A dihtahin, mikhat suhsiangthou ahih louh zongleh, ama'n hoihna kiphalna leh kiphalna natoh chu lehkhasiamna ahihlouhleh lungtang lian toh piangkhawm ahih jiahin bangtanahakhat a langsah thei hi. Hizongleh hoihna kiphalna dihtah chu lungtang gilou tellou thudih chauh jui apat in ahung pawtdoh thei hi. Hoihna kiphalna a bukim a i chituh ut va ahihleh, i lungtag va gilou zungpi i kaihdoh chauh uh a huntawh sih hi. Gilou kichi keengkhaap zousiah nasan i paihmang uh a ngai hi (1 Thessalonikate 5:22).

Hikhu Matthai 5:48 apat a kisoi ahi, "Hujiahin nang chu suhbuching na hi diing hi, vaan a na Pa a buchin bangin." Lungtang apat a gilou chinteng i paihmang zoh chiangun huleh thusoite, natohte, huleh umdante a dembei i hung hih chiangin, nunnemna i chituh thei diing va huchiin mi tampite eimah ah a tawldam thei diing uhi. Hikhu jiahin giitlouhna huatna, enna, thangsiatna, kisahtheihna huleh lungtomna chihte i paihmangna chiang i tun chiangin i lungawi sih diing uh ahi. Sapum a sil bawl dihlou neuchacha te nasa zong i laahkhiat va huleh Pathian Thu leh kuhkaltaha haamteina, huleh Hagau Siangthou puina tanna tungtawn a i latsah diing uh ahi.

Sapum silbawl sual kichi bang ahiai? Romte 8:13 in hichiin a chi hi, "...Bangjiahin ahiai ichihleh tahsa daana na um unchu na si diing uhi; himahleh sapum silbawlte Hagau a na suhlup jeel unchu na hing diing uhi."

Hitaha sapum kichi in tahsalam sapum chauh a kawh sih hi. Sapum in hagaulam ah mihing sapum thudih a luankhat zoh nung a umdan a kawh hi. Hujaihin, sapum natohte kichi in mihingte tahsa kihengte sudim thudihtloute apat a hung kuan natohte a kawh hi. Sapum natohte in sual muhtheihte chauh a tuunkha sih a hizongleh natoh ahihlouhleh gamtat buchinglou chinteng a kawh hi.

Hun paisa ah siltuaah chituam deuh khat ka nei hi. Silkhat pouhpouh ka khoihkhaah chiangin, electrik in ahung bihkhaah bang in ka um a huleh a kisatzot jel hi. Silkhat pouhpouh khoihkhaah diing ka lau hi. A taangpi in, silkhat pouhpouh ka khoihkhaah chiangin, Lalpa kou in ka lungsim in thumna ka nei jel hi. Silkhat pilvangtaha ka khoih chiangin hutobangin a um sih hi. Kot ka hon chiangin, kot hoihtahin ka tu hi. Kouhtuam membarte toh ka kichibai chiangin zong ka pilvan mahmah a ngai hi. Huchibang sil chu ha bangzahakhat sung a um a, huleh ka umdan zousiah chu pilvangtah leh nunnemtahin ka um hi. Huzohin, hutobang siltuaah tungtawn in Pathian ka sapum natohte ahung suhbuchingsah chih ka hedoh hi.

Hikhu sil neucha bangin a kingaihtuah maithei, hizongleh mikhat khoheidan a poimoh mahmah hi. Mi khenkhat in a kawm va dingte toh a nuih va ahihlouhleh a kihou chiangun khoihkhaah a chiing mahmah uhi. Khenkhatte'n a umna mun leh hun he lou aw ngaihtaha haam a chiing va huleh midangte a diingin a nuammoh hi. Hih umzia chu dihlouhna liantah ahi sih a, hizongleh sapum natoh dihlou ahi thouthou hi. Hoihna kiphalna neite'n a hiteng hinkhua vah umdan dih a nei va, huleh mi tampite'n amaute ah tawldamna neih a ut uhi.

Lungtang Umdan Heng

A ban ah, i lungtang umdan chu hoihna kiphalna neihna diinga i chituh a ngai hi. Lungtang umdante kichi in lungtang letdan a kawh hi. Michih lungtag umdan dungjuiin, mi khenkhatte' amau bawl diinga kipia val a bawl laiun, khenkhatte'n amaute sep diinga kipia ahihlouhleh hu sanga tawmzodeuh a bawl uh hi. Hoihna kiphalna toh um mi khat in lungtang umdan lain leh zau a nei a, huchiin amah mimal sil chauh a en sih a, hizongleh midangte a enkol hi.

Philipite 2:4 in hichiin a chi hi, "Nangmah mimal lunglutna chauh na et diing ahi sih hi, hizongleh midangte lunglutna zong na et diing ahi." Hih lungtang umdan chu dinmun zousiah a i lungtang bangtan a i suhlet uh dungjui ah a kinga a, hujiahin i tup touhjelna uh tungtawn in i heng thei uhi. I mimal lunglut zawng chauh ngaahlahtaha i hawl va ahihleh, a bukim a i haamtei va huleh i lungtang neu chu lungsim lian midangte lawhna diing hawl masa aha i heng thei uhi.

Aigupta a suaah a zuaah ahih tandong, Joseph chu 'green house' a singnou leh paah tobang a khanletsah in a um hi. Ama'n a innsung na zousiah ahihlouhleh a pa uh in a lungsiatlouh a sanggamte lungtang buuhna leh a dinmun uh a enkol zou sih hi. Sawina tuamtuam tungtawn in, bangteng hileh, ama'n lungtang a innkim zousiah etkolna diing leh keptuupna diing ahung nei a, huleh midangte lungtang zong poimoh ngaih theihna ahung nei hi.

Pathian in Joseph lungtang chu Joseph Aigupta prime minister a diinga kisahkhawlna diingin a liansah hi. Hih lungtang umdan lungtang nunnem leh dembei toh i hung neih tuh va ahihle, pawl lianpi zong i kemtup thei in huleh i enkol thei uhi. Hikhu chu hoihna lamkai khat in a heet diing ahi.

Nunnemte A diinga Gualzawlna

Lungtang apat a giitlouhnate koihmang a huleh polam hoihna kiphalna chituhna tungtawn a nunnemna bukim tongdohte kawm ah bangtobang gualzawlna piaah ahi diai? Matthai 5:5 a kigial bangin, "Nunnem zoute a hampha uh, ajiahchu leigou luah diing ahi ngal va," hulwh Psalm 37:11 ah, "Hizongleh mikingaingiamte'n gam a luah diing va hhuleh khantouhna nasatah ah a nuam diing uhi," hichia a kigelh bangin, gam a luah diing uhi. Hitah ah gam in vaan lalgam a umna munte a ensah a, huleh gam luah kichi in, "maban hun a Vaangam a thuneihna thupitah tang" chihna ahi.

Bang diinga Vaangam a thuneihna thupitah a neih uh ngai

ahiai? Mi nunnem khat in i Pa Pathian lungtang a lungtang uh khoih toh midangte hagau a suhaat hi. Mikhat ahung nunnem semsem leh, amah sunga a hagau um chu a sung ah a tawldam diing a huleh amahin hutdamna ah a puitung diing hi. Mi tampi tawldamna mi thupitah i hung hih va ahihleh, midangte naahtahin i kithuahpih uh chihna ahi. Natong khat kawm ah vaangamlam thuneihna piaah ahi diing hi. Matthai 23:11 in, "Na lah va a thupipen chu na suaah uh ahih diing ahi."

Huchi ahih dungjuiin, mi nunnem in thuneihna thupitah a nei diinga huleh Vaangam a tun chiangin gam leh zau chu amah umna mun diingin a luah diing hi. Hih leitung nasan ah, thuneihna, hauhsatna, heetpha leh thupitahte chu mi tampi in a zui uhi. Hizongleh a neih zousiah sumang bang hita leh uh chu, a thuneihna uh tampi a mang diing hi, huleh mipi tampi amau ana juitute'n a nuse diing uhi. Hagaulam thuneihna mi nunnem khat nungjui chu hih khovel a toh a kibang sih hi. A mang sih a huleh a kiheng sam sih hi. Hih leitung ah, a hagau a khan dungjjuiin, bangkim ah a lohching hi. Huleh Vaangam ah Pathian in nasatahin kumtuangin a lungsiat diinga huleh hagau simseenglouhte'n zahna a pe diing uhi.

3. Lungsiatna in a Thangse sih

Skul naupang feltahte'n a 'test' masat va dotna a dawnkhaah louhte uh a kaikhawm un huleh a lemtuaah jel uhi. Bang diinga dotnate dawng thei lou a huleh a chiah ma va a bawn a hesuaah lou ahi viai chiin a kidong uhi. Hitobang sil chindan chu hun tomzaw a heet hahsa a sahte uh heetna diingin a phatuam mahmah a chi uhi. Hih toh kibang paidan chu hagaulam lungsiatna chituhna neih chianign a zat theih hi. I natohte leh thusoite a bukim a i etkhiaah va huleh i hoihlouhnate khat khat a i piahkhiaah va ahihleh, hun sawt louzaw sung in hagaulam lungsiatna i neidoh thei uhi. Hagaulam lungsiatna umdan nihna – 'Lungsiatna in a thangse sih' chih i en diing uhi.

Thangsiatna chu khat leh khat kikal a kithangsiatna khaah leh nuammohsahna liantah ahung khankhiat a huleh gilou natohte chu bawl ahih chiangin a um hi. I lungsim a thangsiatna le henna i neih sim va ahihleh, mikhat phatbawl ahiai ahihlouhleh a deihsahbawl ahih chiangin i thangse diing uhi. Mikhat ei sanga phathuaizaw, hausazaw leh bawltheizaw I muh chiangin, ahihlouhleh i tohpihte khat ei sanga ahung khantouhzaw a huleh mitampite apat deihsahna a tan chiangin, i eng thei uhi. Khatveivei huh mipa i ho maithei va, a neih zousiah suhbuaina utna nei in huleh a tunga leeng i ut uhi.

A lehlam ah, "Amah mite'n deihsah ahi, hizongleh kei bang ka hiai? Kei chu bangmah lou ka hi!" chiin zong i lungke maithei uhi. Soidan tuam in, i lungneu uhi ajiahchu midangte toh i kitehkhin uhi. I lungkiat chiangun khenkhatte'n hikhu chu thangsiatna ahi sih i chi maithei uhi. Hizongleh, lungsiatna chu thudih ah a nuam hi. Soidan tuam in, lungsiatna dihtah i neih va ahihleh midangte ahung khantouh chiangun i nuam uhi. I lungkiat va huleh ei leh ei i kitaihilh va ahihleh, hikhu chu i mihihna ahihlouhleh 'mahni' a haat jiah ahi. Ajiahchu i 'mahni' a hing a, midangte sanga neuzaw a i kikoih chiangun, i kisahtheihna ahung sunaah hi.

Enna lungsim ahung khan chiangin huchin thusoi gilou leh natoh gilou ahung pawtdoh hi, lungsiatna bung a soi khu hih thangsiatna ahi. Thangsiatna is lungtang gilou leh niin a polam a taahlatna ahi, huleh huchiin thangsiatna neite a diingin hutdamna tan a hahsa hi (Galatiate 5:19-21). Thangsiatna tahsalam natoh, a polam a muhtheih a sual kilangchiang mahmah ahihjiah ahi. Thangsiatna chu chi tuamtuam in a kikhen thei hi.

Kingaihzawngna a Thangsiatna

Thangsiatna chu mikhat in lungsiatna leh deihsahna a tan sanga tamzaw deihna a neih chiangin natong diinga tohthou ahi. Etsahna diingin, Jakob zi nihte, Leah leh Rachel, a kithangsetuah va huleh a nihun Jakob deihsahzawh diing a lunggulh tuaah uhi. Leah leh Rachel chu unau ahi uhi, Laban, Jakob gang, tanute ahi uhi.

Jakob chu a gang heembawlna jalin amah deih louh pipi in Leah toh a kiteeng uhi. Jakob in a dihtahin Leah sanggam neuzaw nu, Rachel a lungsiatn a, huleh a gang na kum 14 a sep nung in a zi diingin a ngah hi. A tuung apat in Jakob in Rachel chu Leah sangin a lungsiatzaw hi. Hizongleh Rachel in ta koimah a neih louh laiin Leah in ta li a nei hi.

Hu laiin numeite a diingin ta neih louh chu sil zumhuaitah ahi a, huleh Rachel in a sanggamnu Leah ana thangsiat zing hi. Amah chu a thangsiatna in mittosah in huchiin a pasal a diingin hahsatna zong a tut hi. "Ta hung pia in, huchi lou inchu, ka si diing" (Siamchiilbu 30:1).

Rachel leh Leah te'n a suaah-numei tuaah uh Jakob lungsiatna a tan theihna diingun a mei diingun a piaah tuaah uhi. A lungtang va lungsiatna dihtah neukhat beeh nei hi uleh, a pasal in khat in a deihsahbawl chiangin a kipaah diing uhi. Thangsiatna in – Leah, Rachel, huleh Jakob – a bawn in nuam loutahin a koih uhi. Hubanah, a tate uh zong a sukha hi.

Midangte Dinmun ahung Lohchinzawh Chianga Thangsiatna

Michih a hinkhua uh luulna dungjuiin mimal chih a diingin thangsiatna a chituam chiat hi. Hizongleh midang ahung hauhsatzaw a, heetphaahzawh a, huleh ei sanga ahung hihtheihzaaw va ahihlouhleh deihsahna leh lungsiatna ahung tamzaw chiangin, i hung thangse thei uhi. Skul, tohna mun, huleh inn ah, ei sanga midangte dinmun hoihzaw a um ahi uh chih ngaihdan ka neih chiangin, thangsiatna dinmun a din a hahsa sih hi. I kigualpih khat ahung masawn a huleh a khantouhzawh chiangin, i hua un huleh a bawlse maithei uhi. Midang sanga khantouhzawh leh deihsah a umzawhna diingin midangte tung a tuang diing i sa maithei uhi.

Etsahna diingin, mi khenkhatte'n natohna mun a midangte bawlkhelh leh haatlouhna a taahlang va huleh tung a mite muanmoh leh etkhiaah in a koih uhi ajiahchu amaute chu hu company a kaisang a ut uhi. Skulnaupang khangdawng nalaite zong hite apat a, a tuam ahi tuan sih uhi. Skulnaupang khenkhat in amau sanga lehkha siamzote a subuai va ahihlouhleh houtute'n a deihsah deuh uh naupangte a engbawl uhi. Inn ah, naupangte chu a nulehpate uh heetphaah leh deihsahna deihna in a sanggamte uh toh a kihau leh kinaah in a um uhi. A dangte'n a nulepate vapat a gou tamzaw luah diing deihna jiahin a bawl uhi.

Hukhu chu Caina, mihing khangthu a tualthattu masapen, dinmun ahi. Pathian in Abel sillat chauh A pom hi. Caina chu ningkhin a um a kingaihtuah a huleh a thangsiatna amah sung a hung kuang in a sanggam ngeingei Abel a that hi. A nulepate, Adam leh Evi apat in gan sisan a kithoihna toh kisai a zakha ngei ngeingei diing hi, huleh hoihtahin a he ngei diing hi. "Huleh daanthuin sil zousiah chihphial sisana suhsiangthouin aum a; sisan suahlouin ngaihdamna aum sih hi" (Hebraite 9:22).

Ahihvangin, a loubawlna gam a haichigah kithoihna a pe giap hi. A lehlam ah, Abel in Pathian deihna dungjuiin a lungtang toh a belaamte laha piang masapen a thoih hi. Mi khenkhat Abel chu belaampu ahihjiahin belaamnou kithoihna piaah chu a hahsa sih diing a chi maithei uhi, hizongleh hutobang ahi sih hi. Ama'n a nulepate apat in Pathian deihzawng a he a huleh A deihzawng a suhbuching a ut hi. Hikhu jiahin Pathian in Abel kithoihna chauh A pom hi. Caina chu amah dihlouhna kisiih naah sangin a sanggampa thangsia in a um hi. Khatvei det ahih kalsiah, thangsiatna meikuang suhmit theih ahi nawn sih hi, huleh huchiin a tawp in a sanggampa Abel a thatta hi. Adam leh Evi in hikhu tungtaang ah bangchituhin na a sa tadiai!

Ginna a Sanggamte Kikal a Thangsiatna

Gingtu khenkhatte chu ginna a, a sanggam khat dinmun, hihna, ginna, ahihlouhleh Pathian a ginumna a sangzaw khat thangsia in a um uhi. Hutobang siltung chu amaute toh gingtu a hihna kum, hihna, huleh sawtdan a kibatpihte ahihlouhleh midangpa hoihtaha a heet ahih chiangin a um ut deuh hi.

Matthai 19:30 in, "Hizongleh tampi a masa chu a nunung diinga; huleh a nunung, a masa diing," chia a soi bangin, khatveivei ei sanga ginna kum, upatdan a ei sanga ngiamzote'n kouhtuam a hihna tungnungzaw ahung nei uhi. Huchiangleh, amaute thangsiatna haattah i nei maithei uhi. Hutobang thangsiatna chu kouhtuam kibang a gingtute lah chauh ah a um sih hi. Pastor leh kouhtuam membarte kikal ah, ahihlouhleh Khristian pawlpi tuamtuam kal ah zong a um maithei hi. Mikhat in Pathian a paahtawi chiangin, mi tengteng a nuam diing uh ahi, hizongleh huchih naahsangin midangte ahilouhleh pawl dangte suhsiat tupna in gindan dihlou chiin a kithuhilhzaw uhi. Naupangte a kinah va huleh a kihuat va ahihleh nulepate'n bang ngaihdan a nei diviai? Tate'n an tuitah leh van hoihtah pe zongleh uh, a kipaah tuan sih diing uhi. Huleh Pathian ta kibang chiatchiat gingtute a kisual va huleh a kinah uleh, ahihlouhleh kouhtuamte kikal a kithangsiatna a um leh, i Lalpa uh a dahsah mahmah diing hi.

David Tunga Saul Thangsiatna

Saul chu Israel kumpi masapen ahi. David thangsiatna in a hinkhua a mawh in a beisah hi. Saul a diingin, David chu galvan taang sengsung toh kithuam sepaih hangsan a gam hundamtu ahi. Phillistinete Goliatha suhlauhna jiaha sepaihte lungkia dimdem a, a um laiun, David chu aahsi meitung banga dingtou in vaisuangseh giap toh Phillistines mihatpen chu a koihngiamta hi. Hih khatvei natoh in Israel a diingin gualzohna a tut hi. Hukhu apat in, David in Phillistinete douna apat in a gam venna mohpuaahna hoihtah hunkhop a semdoh hi. Saul leh David kikal a buaina hikhu apat in ahung piangdoh hi. Saul in David gaalphual apat a gualzou a hung kilehkiit ana vaidawn mipite apat in lungbuaihuai khat a za hi. Hikhu chu, "Saul in a sang a sim a that a, huleh David in a siing a sim" (1 Samuel 18:7).

Saul in nuammoh a sa mahmah a huleh hichiin a ngaihtuah hi, "Bang diinga David toh hung tehkaah ahi viai? Amah chu bangmah ahi sih a belaam chingtu naupang giap ahi!"

Mi'n a soina a ngaihtuah chiangin a lungthahna ahung kibehlap semsem hi. Mipi'n David huchituha a paahtawi uh dih a sa sih a, huleh hu hun a kipat in David natohte chu amah ngaih in a ginlelhhuaitah ahita hi. Saul in David in mipite lungtang zoh sawm a hutobang a gamta ahi chiin a ngaihtuah maithei hi. Tuin, Saul lungthahna thaltang in David lam a kawh hi. 'David in mipite lungtang a zoh a ahihleh, helna chu a hun in hung podoh ngeingei diing ahi!' chiin a ngaihtuah hi.

A ngaihtuahnate ahung khan deuhdeuh toh kiton in, Saul in David thahna diing hun lemchang a hawl hi. Hun khat ah, Saul chu hagau gilou jala buai in ana um a huleh David in tumging a tumsah hi. Saul in hih hun lemchang a zang in teipi in a khoh hi. Vangphathuaitahin David in peelkhia a, a suaahtaah hi. Hizongleh Saul in David thah a tupna a tawpsan tuan sih hi. A sepaihte toh David a delhjui zing hi.

Hite tengteng ahih vangin, David in Saul chu Pathian thaunuh ahihjiahin khoih diing mawngmawng a tum sih a, huleh hikhu Saul in a he hi. Hizongleh Saul thangsiatna meikuang a kitohkuang a mit sih hi. Saul chu a thangsiatna a hung kuandoh a ngaihtuahna buaihuai ah a thuaah zingta hi. Phillistinete toh a kidouna va thah ahih chiang dongin, Saul chu David thangsiatna jiahin a tawldam sih hi.

Mosi Thangsiattute

Kisimbu 16 ah, Korah, Dathan leh Abiram toh kisai i simkha uhi. Korah chu Levimi ahi a, huleh Dathan leh Abiram chu Reuben nam apat ahi uhi. Mosi leh a sanggampa leh a kithuahpihpa Aaron tung ah a phunchiah uhi. Mosi Aigupta kumpi tapa ahihna a hua va huleh tuin amah chu Midian a taimang leh belaampu ahihvangin a tung vah vai a hawm hi. Etdan khat ah, amaute lamkai hih a ut uhi. Hujiahin, amau pawl a tel diingin mipite a houpih uhi.

Korah, Dathan, leh Abiram in mipi 250 amaute jui diingin a khawm va huleh thuneihna tang diingin a kingaihtuah uhi. Mosi leh Aaron kawm ah a va pai va a va kinialpih uhi. Hichiin a chi uhi, "Huleh Mosi leh Aaron khing diingin akikhawmta va, akawmvah, Na kideihthoh talua uh, mipungkhawmte laha michin siangthou chiat ahi ngaalva; huleh Lalpa alahvah aum hi: ahihleh bangachia LALPA mipungkhawmte tunga na kikoihtungnung tuam uh ahiai?" (Kisimbu 16:3)

Bangmah amah amaute dawnbutna diing kigaahna um sih mahleh, Mosi in amaute thuhna in bangmah a soi sih hi. Pathian mai ah haamteina nei diingin a kuun a huleh a dihlouhna uh heetsiamsah a tum a huleh Pathian vaihawmna tungsah diingin a ngen hi. Hu laiin Pathian thangpaihna chu Korah, Abiram leh Dathan leh a kawm a um zousiah tung a tu hi. Lei in a kam a keeh a, huleh Korah, Dathan leh Abiram, a zite uleh a tate utoh a naungeeh teng utoh Sheol ah a ke veh uhi. LALPA apat in meikuang ahung pawtdoh a huleh mihing zanih leh sawmngate silgimtui laante a kaangtum hi.

Mosi in mipi tung ah bangmah siatna a tut sih hi (Kisimbu 16:15). Ama'n mipite puina diingin a theihtawp a suah hi. Ama'n Pathian chu chiamchihna leh silmahte tungtawn in hun zousiah ah amaute toh A um chih a soichian hi. Aigupta ah gawtna chi sawm a sulang hi; gamgaw tung ah Tuipi San phel nih suah in amaute a pui kai hi; suang apat in tui a pawtsah a huleh gamdai ah manna leh vakhu a nesah hi. Huchi chiang ah zong a engbawl va huleh amah leh amah kitawisang chiin Mosi lang ah a ding uhi.

Pathian in zong Mosi thangsiat chu bangchituha sualna lian ahiai chih mipite A musah hi. Pathian a in a phuhdet mihing khat mohpaih kichi chu Pathian thutankhum leh mohpaih toh kibang ahi. Hujiahin, kouhtuamte ahihlouhleh pawlte Lalpa min a natongte chu a dihlou ahihlouhleh kithuhilhna dihlou chia ngongtaha soisiat louh diing ahi. Pathian a sanggam ngen i hih jiahun, i laha kithangsiatna chu Pathian mai a sual liantah ahi.

Bangmahlou Silte Tunga Kithangsiatna

Thangsiatna jalin i deihte i mu thei viai? Mu thei lou hial! Midangte dinmun hahsatah ah i koih maithei a huleh amaute makhelh in pai in i kilang maithei hi, hizongleh a dihtahin i deih photmah i muh thei sih uhi. Jakob 4:2 in hichiin a chi hi, "Na lunggulhva, na nei tuan sih uhi; tual na that va, na deihgoh va, na nei jou tuan sih uh; na kidou va, gaal na bawl uh, na nei diaah sih uh." Thangsiatna sangin, Job 4:8 a kigial khu ngaihtuah un, "Ka muhna dungjuiin, gilou loukalha leh buaina chituhte'n a aat uhi." Gilou na bawlte chu nangmah kawm ah ahung kilehkiit diing hi.

Gilou na chituh khu thuhna in, na inkuan sung ahihlouhleh na natohna mun ah siatna na tuaah maithei hi. Thupilte 14:30 in a soi bangin, "Lungtang muang chu sapum a diinga hinna ahi a, hizongleh gu chu guh a diinga muatna ahi," thangsiatna in mahni tung ah siatna a tut a, huleh hujiahin hichu umze nei lou keei ahi. Hujiahin, midangte sanga masazaw a na pai ut leh, ngaihtuahna leh thangsiatna natoh a na tha a mawh a na suhbei sangin Pathian bangkim tunga thunei na dot diing ahizaw hi.

A dihtahin, na nget photmah na mu thei sih hi. Jakob 4:3 in hichiin a chi hi, "Na ngen va huleh na mu sih uh, ajiahchu siltup dihlou toh na ngen uh, huchia na nopsahna diing va zangkha mai diing na hih jiahun." Na nopsahna diinga silkhat na zat a ahihleh, na mu thei sih hi ajiahchu hikhu Pathian deihzawng ahi sih hi. Hizongleh dinmun tamtah ah mite'n a utna uh juiin sil a ngen maimai uhi. Hauhsatna, minthanna, huleh silbawltheihna amau nuamsahna leh kisahtheihna diinga a ngei jiahun. Hikhu in ka natohna ah sung ah ahung lungnopmohsah mahmah hi. Gualzawlna tahtah leh dihtah chu hauhsatan, minthanna ahi siha hizongleh mikhat hagau khantouhna ahi.

Sil bangzah nei in a jal zou zonglehchin, hutdamna na tang louhleh bang a phatuam diai? I manghilh louh diing va sil chu hih leitung a sil bangkim meikai bangin a theng diing ahi. 1 Johan 2:17 in hichiin a chi hi, "Khovel chu a bei diinga, huleh a utna teng zong; hizongleh Pathian deihzawng bawlte kumtuang in a hing diing uhi," huleh Ecclesiastes 12:8 in hichiin a chi hi, "'Bangmahloute bangmahlou,' Thusoitu in a chi, 'silbangkim chu bangmahlou ahi.'"

Khovel a sil umze nei loute toh kimat a na sanggamte na hung huat louh a huchih sanga Pathian mitmuh a dih lungtang na hung neih chu ka kinepna ahi.

Thangsiatna leh Hagaulam Deihzawng

Mite'n Pathian a gingta va ahihvangin ginna leh lungsiatna tawmcha a neih jiahun thangsiatna a nei uhi. Pathian lungsiatna na taahsap a huleh vaan lalgam a ginna tawmcha na neih a ahihleh, hauhsatna, minthanna, huleh hih khovel thuneihna neih utna jiahin na thangse maithei hi. Pathian tate leh Vaangam khua leh tui hihna nei a kimuanna bukim na neih a ahihleh, khovel a na inkuanpihte sangin Khrist a na sanggamte a luulzaw uhi. Hikhu jiah chu Vaangam ah amaute toh kumtuang in na teeng diing uh chih na gintaat jiah ahi.

Gingloute Jesu Khrist pomloute nasan zong a luul va huleh amaute chu vaan lalgam a i puiluut diingte uh ahi. Hih ginna a kinga in, eimah a lungsiatna dihtah i chituh va ahihleh, i innveengte chu eimah bangin i hung lungsiat diing uhi. Huchiangin, midangte hung neihzoh chiangin, ei zong a neizou mah bangin i kipaah diing uhi. Ginna dihtah neite'n khovel sil bangmahloute a hawl sih diing va, hizongleh thagum a vaan lalgam neihna diingin Lalpa nate ah a kuhkal diing uhi. Chihchu, amaute'n hagaulam lunggulhnate a nei diing uhi.

Huleh Baptistu John um apat tutanin vaan gamin

pawngbawlna a thuaah jing ahi, huleh pawngbawlte'n haat thuin ala veu uhi (Matthai 11:12).

Hagaulam lunggulhna chu thangsiatna toh a kibang het sih hi. Thanopna diing leh Lalpa na a ginumna diinga lunggulhna neih a poimoh hi. Hizongleh huh lunggulhna in a gamgi a pelh a huleh thudih apat a kikhinkhiaah a ahihlouhleh midangte a puuhna a tut leh, hia pom theih sih hi. Lalpa diinga i na a guntuh zing kawm in, i kiim a mite poimoh i et va, a phattuamna diing i hawl va, huleh michih toh kituaahna i delh diing uh ahi.

4. Lungsiatna a Kiphat sih

Mi khenkhat amau leh amau a kiphat mahmah uhi. A kiphat chiang va midangte'n bang ngaihdan nei diing ahi viai chih a hepha sih uhi. A neihte uh a kisial va midangte ngaihsang diing a ut un a hawl uhi. Joseph chu a neulai in a mang toh kisai a kisahtheihpih hi. Hikhu jalin a sanggamte'n a hua uhi. Amah chu a pa'n a tuambiih a, a lungsiat jiahin, a sanggamte lungtang a he sih hi. Hu nung in, Aigupta ah suaah a zuaah in a um a huleh hagaulam lungsiatna a chituhna diingin sawina tampi a tuaah hi. Mite'n hagaulam lungsiatna a chituh ma un, amau leh amau kiphat leh kitawisangin lemna a susia uhi. Hujiahin Pathian in, "Lungsiatna a kiuangsah sih," a chi hi.

Mawltaha soi in, kisahtheih chu mahni kiphuangdoh leh kilangdoh a um chihna ahi. Mite'n midangte sanga sil hoihzaw a bawl uh ahihlouhleh a neih va ahihleh a taangpi in mite heet a ut uhi. Hutobang kisahtheihna bang ahiai a phattuamna?

Etsahna diingin, nulepate khenkhat chu a ta un lehkha hoihtaha ahung sim chiangin a kiuangsah un huleh a kisathei uhi. Huchiangleh, mi khenkhatte'n a kipaahpih va, hizongleh mi tamzote chu a lungtang a khoihkha va huleh a ngaisiam sih uhi. A ta chu a jiah bei in a mawh tai uhi. Na ta in bangchituhin a lehkhasimna ah bawl hoih zongleh, midangte ngaihdan diing ngaihkhawhna hoihna neukhat beeh na neih a ahihleh, hitobang in na ta na kisahtheihpih sih diing hi. Na innveengte ta zong hoihtaha sim diingin na deih diinga, huleh ahung sim hoih a ahihleh, nuamna toh nap hat diing hi.

Kisatheite'n zong midangte sil bawl hoih chu a heetpih nuam un huleh a phat nuam sih veu uhi. Bangchidan ahakhat in midangte suhngiam a sawm uhi ajiahchu midangte a kiphawh chiangin amau kimanghilh in a ngaihtuah uhi. Hikhu kisahtheihna in buaina a tunsahdan chikhat ahi. Hitobang a gamta in, lungtang kisathei chu lungsiatna dihtah apat in a gamla mahmah hi. Na kiphoudoh leh mite heetpha na hi chiin na ngaihtuah maithei hi, hizongleh hikhu nang a diinga zahna leh lungsiatna dihtah muhna diing ahung daal zaw diing hi. Na kiim a mi umte'n ahung en sang in, nang muhdahna leh thangsiatna a huupzaw diing hi. "Hizongleh tuin na kiuahsahnate vah nuam na sa uh; huchibang nopsahna zousiah chu sual ahi" (Jakob 4:16).

Hihkhua Kisatheihna Kiuahsahna chu Khovel Lungsiatna Apat hung Kipan ahi

Bang diinga mite kiuangsah ahi viai? Ajiahchu amaute'n amau ah hinkhua kisahtheihna kiuahsahna a nei uhi. Hinkhua kisahtheihna kiuahsahna kichi chu "hih khovel nopsahna dungjuia kisahtheihna umzia ahi." Hichu khovel lungsiatna apat hung kipan ahi. Mite chu a taangpi in sil poimoh a ngaihte uh jalin a kisathei uhi. Sum ngainate chu a sum neih uh jalin a kisathei uhi, huleh a polam kilatdan ngai poimohte chu, hukhu ah a kisathei uhi. Chihchu, sum, polam kilatdan, minthanna, ahihlouhleh thuneihna Pathian ma ah a koih uhi.

Ka kouhtuam member khat un sumdawnna lohchingtah computer zuaahna lam ah Korea gamsung a kigawmkhawm diing khat a nei hi. A sumdawnna keehlet a ut hi. Sumbattheihna chi tuamtuam leh Internet café leh Internet hahdohnate ah summeet a bawl hi. Ama'n company khat 'won' vaibeelsia nih, huchu US dollars maktaduai nih vel, sumpi zangbei in a pan hi.

Hizongleh a sum muh kiit chu a awl a huleh a mang ahung kibehlap deuhdeuh a, huchiin a tawp in a sum ahung bei hi. A inn chu leelaam a zuaah in a um hi, huleh a leibatnate;n amah a delh lehleh uhi. Amah chu inn nuai a inn neukhat ahihlouhleh inntungvum ah a teeng hi. Tuin ama'n a hun paisa ahung nung et kiit hi. Amah chu a lohchinna kisahtheihpih lunggulh mi leh sum lam a duham ahi chih ahung kihedoh hi. A kiim a mi umte hahsa a tut hi ajiahchu ama'n a sumhawlna amah bawl theihna khel ah a hong hi.

A lungtang tengteng Pathian mai ahung kisiih veh a huleh a duhawmna ahung paihmang chiangin, niin paihna lawng leh eehbuuh suhsiangna natoh a neih nasan in zong a kipaah veve hi. Pathian in a dinmun A ngaihkhawhsah a huchiin sumdawnna lampi thah A kawhmuh hi. Tuin, hun zousiah a lampi dih a, a pai jiahin, a sumdawnna chu ahung khang hi.

1 Johan 2:15-16 in hichiin a chi hi, "Khovel lungsiat sih unla, khovel a sil umte zong lungsiat sih un. Mi koipouhin khovel alungsiat inchu Pa lungsiatna amah ah a um sih hi. Ajiahchu khovel a sil um zousiah, tahsa uutnate, mit uutnate, huleh damsung kisahtheihnate chu Pathian a kipan ahi sih a, khovel a kipan ahijaw hi."

Hezekiah, Simlam Judah kumpi sawmlehthumna, chu Pathian mitmuh a midih ahi a, huleh ama'n Biaahinn a susiang hi. Ama'n haamteina jalin Assyriate douna ana nang zou hi; ahung damlouh chiangin, mittui toh haamtei in a hinkhua kum 15 suhsausah in a um hi. Hizongleh ama'n hinkhua kisahtheihna kiuahsahna a nein alai hi. A damlouhna apat ahung dam phet in, Babylon in palai ahung sawl hi.

Hezekiah chu amaute dawn na lamtuaah a kipaah mahmah

huleh gou kikholna in, dangka leh sana leh lou leh ai huleh thau mantamte huleh galvan zousiah leh gou kikholna mun a sil kimu zousiah a lah hi. A kiuahsahna jiahin, Simlam Judah chu Babylon in ahung dou a huleh a gou zousiah laahmang in a um hi (Isaiah 39:1-6). Kisahtheihna chu khovel lungsiatna apat a hung kuan ahi. Hujiahin, lungsiatna dihtah chituhna diingin, mikhat in hinkhua kisahtheihna kiuahsahna a lungtang apat a paihmawng diing ahi.

Lalpa a Kisahtheihna

Kisahtheihna chi khat a hoih a um hi. Hichu Lalpa a kisahtheihna ahi 2 Korinthete 10:17 a kisoi bangin, "Koipouh kisathei in Lalpa ah kisathei heh." Lalpa a kisahtheih chu Pathian kawm a loupina piaah ahi. Hutobang kisahtheihna etsahna hoih khat chu 'testimoni' ahi.

Paul in Galatiate 6:14 ah hichiin a chi hi, "Hizongleh ke'n chu i Lalpa uh Jesu Khrist kros loungaal ka suang het sih diing hi; amah jiahin khovel kei diingin kilhbeh ahita a, kei khovel diingin kilhbeh ka hi ta hi."

Ama'n a chih bangin, Jesu Khrist hung hundamtu leh vaan lalgam hung petu a i kisahtheih diing uh ahi. I sualnate jiaha kumtuang sihna tang diinga guat i hi va, hizongleh Jesu kross a i sual man hung piaahsah jalin, kumtuang hinna i tang uhi. Bangchituh kipaah diing i hita viai!

Hikhu jiahin Paul chu a haatlouhna ah a kipaah hi. 2 Korinthete 12:9 ah hichiin a kigial hi, "Huleh Ama'n [Lalpa] ka kawm ah, 'Ka hehpihna nanga diingin ahuntawh hi; ajiahchu ka haatna chu haatlouhna ah suhbukimin aum hi,' A chi a. Hujiahin Khrist silbawltheihna ka tunga aum theihna diingin, kipaahtahin ka haatlouhnate ka suang jaw diing hi."

A dihtahin, Paul in chiamchihna leh silmah tampi a bawl a huleh mite'n rumal ahihlouhleh puannaahtual hung tawi in huchia ama'n a khoih chianga damlou a neite tanpha dam in a um uhi. Ama'n missionary khualzinna thumvei a nei a huchiin mihing tampi Lalpa ah hung puiluut in huleh khopi tampi ah kouhtuam a phut hi. Hizongleh ama'n hite zousiah amah natoh ahi sih a chi hi. Ama'n a kisahtheihpih chu Pathian khotuahna leh Lalpa silbawltheihna amah silbawl bawlsah thei khu ahi.

Tuni in, mi tampite'n a niteng hinkhuate va Pathian hing toh a kimuhna uh leh a siltuaah uh a soi uhi. Pathian lungsiatna chu Pathian chitahna toh a hawl va huleh amah a diinga a lungsiatna natoh a latsah chiangun natna apat suhdamna, sumlam a gualzawlna, innsung a muanna tang chiin a phuangdoh uhi.

Thupilte 8:17 a hichia "Kei hung lungsiatte ka lungsiat a; huleh chihtahtaha hung hawlte'n ahung mu uhi," chia kisoi bangin, Pathian lungsiatna thupi ahung phawhdoh va huleh ginna thupitah, huchu hagaulam gualzawlna ahi a, ahung tan jalun a kipaah uhi. Hutobang Lalpa a kisahtheihna chu Pathian paahtawina ahi a, huleh mipite lungtang ah ginna leh hinna a chituh hi. Huchibanga bawl in Vaangam ah lawmman a khol va huleh a lungtang deihzawng uh chu kitaha dawnbut ahi diing hi.

Hizongleh hitah ah silkhat a i pilvan diing uh ahi. Mi khenkhat in Pathian a phat uh a chi va hizongleh amau leh amau ahilouhleh a silbawl uh midangte a heetsah sawm uh ahizaw hi. Amau natoh jala gualzawlna tang thei ahi uh chih bangchidan ahakhat a, a soina uh ahi. Pathian paahtawi bangin a kilang va, hizongleh a dihtahin amau in a minhoih teng a tang uhi. Setan in hutobang mite tung ah ngohna a siam diing hi. A dihtahin, mahni kiuahsahna ga ahung kilang diinga; zeetna leh sawina chi tuamtuam ahung phukha diing va, ahihlouhleh mi koimah in a phawh louhleh, Pathian apat in a petmang uhi.

Romte 15:2 in hichiin a chi hi, "Michih in a innveeng amah a diinga hoihna diingin a kisupaah diing ahi, amah hoihna diingin." A kisoisa bangin, i innveengte hoihna diingin huleh amaute a ginna leh hinna phumluutna diingin amaute i houlimpih diing uh ahi. Tui chu tuihiitna a suhsiang ahih bangin, thu i soi masanga a suhsiangna a hiitsiang masat diing uh ahi, i thusoi in midangte a bawl hoih ei ahihlouhleh a lungtang a sunakha ei chih.

Kisahtheihna Kiuahsahna Hinkhua

Sil tampi kisahtheihpih diing nei mahleh uh, koimah kumtuang a hing a um sih hi. Hih leitung a hinkhua a bei nung chiangin, koipouh Vaangam ahihlouhleh Meidiil ah a pai diing hi. Vaangam ah, i tot diing lampi nasan zong sana a siam ahi a, huleh a hauhsatdan chu hih khovel a te toh tehkaah gual ahi sih hi. Hih umzia chu hih khovel kisahtheih chu bangmahlou ahi. Huleh mikhat in hauhsatna, heetna, huleh silbawltheihna nei zongleh, Meidiil ah pail eh a kisahtheihpih thouthou diai?

Jesu'n hichiin a chi hi, "Mi'n khovel apumin nei henla, a hinna taan taleh amah diingin bang aphatuam diai? ahihlouhlch, mi'n a hinna luangin bang ahiai a piaah diing?Mihing Tapa chu a Pa loupina a a angelte toh hung diing ahi ngaala; huchiangin michin a natoh bang jeelin athuh chiat diing hi" (Matthai 16:26-27).

Khovel kisahtheihna in kumtuang hinna ahihlouhleh lungkimna ahung pe thei sih hi. Hizongleh husangin sildeih phatuam lou ahung neisah a huleh siatna ahung tut hi. Hutobang i heet va huleh Vaangam kinepna toh i lungtang i dimsah chiangun, hinkhua a kisahtheihna paihmangna diingin haatna i nei diing uhi. Hichu naupang khat a kimawlna van thah a neih chianga a van lui a luulna neuchakhat um a paihmangpah theih tobang ahi. Vaan lalgam kilawmna toh i heet jiahun, hih khovel silte a i belh nawn sih va ahihlouhleh hute neih sawm in pan i la nawn sih uhi.

Khatvei hinkhua kisahtheihna i paihmang kalsiah, Jesu Khrist chauh ah i kisatheita diing uhi. Hih khovel ah bangmah buaipih tham i san awn sih diing uhi, vaan lalgam a kumtuang a i zou diing uh loupina i kisahtheihpih giap diing uhi. Huleh, nuamna ina heetkha ngei louh un i dim diing uhi. I hinkhua lampaina ah hun hahsate tuaahkha mahlei, a hahsa talua in i ngai sih diing uhi. Pathian eite hutdamna diinga A Tapa tang neihsun hung pepa lungsiatna chuah ah kipaahthu i soita diing va, huleh huchiin dinmun zousiah ah nuamna in i dim diing uhi. Hinkhua kisahtheihna i hawl louh va ahihleh, phatna i don chiangun i kisang koih sih diing va, ahihlouhleh i don louh chiangun zong i dah sih diing uhi. Phatna i don chiangun kingaingiamtahin ei leh ei i kienchianzaw diing va, huleh mi'n ahung tai chiangin i kipaahzaw diing va huleh ei leh ei kihen i sawm diing uhi.

5. Lungsiatna a Kiuangsah sih

Amau leh amau kiphatte'n midang sanga hoihzaw a kingaihna a nei va huleh a kiuangsah uhi. Hoihtaha sil a pai a ahihleh, amau in sil bawl hoih jiah uh ahi a chi va huleh a kipoimohsah va ahihlouhleh a thasia uhi. Bible in Pathian in A huat mahmahte laha khat chu kiuahsahna ahi. Kiuahsahna chu Pathian toh kidemna diinga mihingte'n Babel Innsang a bawlna jiah uh ahi, huh hun chu Pathian in haam a khenzaahna hun ahi.

Mi Kiuangsahte Umziate

Mi kiuangsah in midangte amah sanga hoihzaw lou leh midangte a simmoh ahihlouhleh a mingiam hi. Hutobang mi chu sil bangkim ah midangte tung a mi in a kikoih hi. Amah chu a hoihpen in a kikoih hi. Midangte a simmoh a, a mungiam a huleh silbangkim hilh a sawm hi. Amah sanga ngiamzaw khatpouh kawm ah kiuahsahna lungsim a sulang hi. Khatveivei, a kisuahsahna valna ah, amah hilhtu leh puitu huleh sumhawlna ahihlouhleh khotaang hinkhua amah sanga dinmun sangzote a musit hi. A tung a mite a pia uh thuhilhna, taina leh kawhmuhna a ngaikhe ut sih hi. "Ka tung a mite'n hi toh kisai bangmah a heet louh jiahun hichia soi ahi uh," a chi a, ahihlouhleh, "Bangkim ka he a huleh hoihtahin ka bawl thei hi," a chi hi.

Hutobang mi in kinialna leh kinahna tampi a piangsah hi. Thupilte 13:10 in hichiin a chi hi, "Kiletsahnain kinialna aumsah giap a; hizongleh phataha kilemguatsah kawmah pilna aum hi."

2 Timothi 2:23 in hichiin a chi hi, "Hizongleh, kikhinna asiam veu chih hein, kinialna ngolhuai leh pilhuailou ah pang sin." Hujiahin nang chauh a dih a na kingaih leh hichu ngolhuai leh dihlou ahi.

Michih in muhdan leh heetna tuam a nei chiat hi. Michih in a sil muhdan, zaahdan, tuaahkhaahdan, leh kihilhdan a tuam chiat a neih jiah uh ahi. Hizongleh mikhat heetna a tamzaw chu a dih sih a, huleh khenkhat chu dihloutahin a kikhol hi. Hu heetna hun sawtpi eimah a, a umdet a ahihleh, mahni kidihsahna leh ngaihtdan ahung kisiamkhia hi. Mahni kidihsahna chu i ngaihdan khu chauh a dih ahi chihna ahi, huleh hikhu ahung det chiangin i lungsim putdan ahung suaah hi. Mi khenkhat in a mihihna uh ahihlouhleh a heetna uh toh a lungput uh a siam uhi.

Lungputdan chu mihing sapum a guhlehtaang tobang ahi. Meelputdan chih a siamdoh a, huleh khatvei a kisiamdoh kalsiah, a suhkeeh a hahsa mahmah mai hi. Mihingte ngaihtuahna tamzote chu mahni kidihsah leh lungputdan apat hung piangdoh ahi. Mikhat midang sanga ngiamzaw a kikoih chu midangte amah a kawh chiangun a kiphawh pahpah uhi. Ahihlouhleh, hichia kisoi bangin, mihausa khat in a puansilh a bawlhoih chiangin mite'n a kiuangsah a huchia a puante bawl ahi a chi uhi. Mikhat in thuteng heetsiam hahsa ahihlouhleh gih a zat chiangin, mite'n a heetna taahlang in midangte a musit chiin a ngaihtuah uhi.

Ka naupanlai skul kaina ah 'Statue of Liberty' kichi chu San Franscisco a um ahi chiin ka he hi. A lim leh United States gamlim toh chiangtahin ahung hilh hi. 90 hun laiin a kigawm a halhthahna chialpi kikhopna ah United States ah ka chiah hi. Hu hun ah 'Statue of Liberty' chu New York khopi a um ahi chih ka hedoh hi.

Kei ngaihdan in hu Lim chu San Francisco a um ngeingei a ka heet jiahin, New York a, a um chu ka hesiam thei sih hi. Ka kiim a mi umte ka dong a huleh amaute'n New York a um tahtah ahi a chi uhi. Ka heetna a dih ngei a ka heet chu a dihlou ahihdan ka hedoh hi. Hu laitahin, ke'n zong kana gingtaat khu dihlou maithei ahi chiin ka ngaihtuah hi. Mi tampi a gintaat uh dihloute ah a phu teitei uhi.

Dilou himahleh, kiuangsahte'n a pom sih diing va hizongleh a ngaihdan uh a paipih teitei diing uhi, huleh hikhu in kinialna a piangsah diing hi. Hizongleh kingaingiamte a kinial sih uhi midangte a dihlou hizongleh. 100% dih hi a kimuanna nei zongleh uh, a dihlou a hikha maithei uh chiin a kingaihtuah nalai uhi, ajiahchu kinialna ah midangte tung ah gualzoh a tum sih uhi.

Lungtang kingaigiam chu hagaulam lungsiatna midangte amah sanga hoihzaw a ngai ahi. Midangte amah sanga hampha louzaw, lehkhasiam louzaw, ahihlouhleh sil bawl thei louzaw hizongleh, lungsim kingaingiam toh i lungtang apat in midangte a hoihzaw a i ngaih diing uh ahi. Hagau zousiah chu luul mahmah veh a i ngaih va huchiin a manpha mahmah in Jesu'n A sisan luansahna taah A sa hi.

Tahsalam Kisahtheihna leh Hagaulam Kisahtheihna

Hutobang a mahni kisahtheihna thudihloute a polam a natoh a kilangsah a, kisial a huleh midangte muhsitna a latsah a ahihleh, hutobang kiuahsahna chu baihlamtahin a hedoh thei hi. Lalpa i hung pom a huleh thudih i hung heet chiangun, hitobang tahsalam kiuahsahna baihlamtahin a paihmang theih hi. A lehlam ah, hikhu heetdoh leh hagaulam kiuahsana paihmang chu a baih sih hi. Huchi ahihleh hagaulam kiuahsahna bang ahiai?

Hun sawtkhoptah biaahinn na kai a ahihleh, Pathian Thu heetna tampi na kholkhawm hi. Biaahinn ah hihna leh dinmunte zong piaah in na um diinga ahihlouhleh lamkai a teldoh in na um diing hi. Huchiangleh na lungtang ah Pathian Thu heetna hunkhop chituh in na kikoih diinga huchiin, "Hunkhop ka ngahta. Sil tampi toh kisai ah ka dih ngei diing,' chi a kideihkhopna ahung tungsah diing hi. Thudih dungjuia a dih leh a dih lou he a kingai in, Pathian Thu heetna na neih toh midangte chu na tai in, na thutan in huleh na mohpaih maithei hi. Kouhtuam lamkai khenkhatte'n amah uh lawhna diing chauh a delh va huleh daan leh thupiaah a juih diingte uh a bohsia jel uhi. Kouhtuam daante a bohse ngei va, hizongleh, "Kei a diingin hikhu a poi sih ajiahchu hih dinmun a ding ka hi. Kei a tuam ka hi," chih ngaihdan a nei uhi. Hutobang lungsim kitawisang chu hagaulam kiuahsahna ahi.

Pathian i lungsiatna chu lungtang kichapousah toh Pathian daan leh thupiaah manghilh a i phuan uleh, kiphuanna chu a dihlou ahi. Midang i thutan leh mohpaih va ahihleh, lungsiatna dihtah nei bangin i kikoih thei sih uhi. Thudih in midangte a sil hoihte chauh en a, ngaikhia a huleh soi diingin ahung hilh hi.

Unaute, khat leh khat kisoise tuah sih un. Mi a unau soisia a, huleh a unau soiseel chu daan soisia a, daan vaihawmkhum ahi; hizongleh daan na soiseel inchu, daan juuitu na hi sih a, vaihawmtu na hi jaw ahi (Jakob 4:11).

Midangte haatlouhnate na muh chiangin bang lunggel na nei ei?

Jack Kornfield in a lehkhabu 'The Art of Forgiveness, Lovingkindness, and Peace,' ah gamtatdan kilawmloute toh bang loh diing chih toh kisai lampi tuamtuam a gelh hi.

"South Africa a Babemba nam lah ah, mikhat mantheihlouhtah ahihlouhleh dihlouhtaha a gamtat leh, khosung lailung ah, a tangin koimah toh kisukha lou in a kikoih hi. Na tengteng a khawl a, huleh khosung a michih, pasal, numei leh naupang chih a kiim ah a kiumkual uhi. Huchiangleh nam sung a michih ngoh a umpa kawm ah, a ban ban in, a hinkhua a, a silhoih bawlte ahung soi uhi. Siltung, leh siltuaah a heetdoh theih chiangchiang a bukim leh dihtahin ahung soi uhi. A ngaihdan hoih, silbawl hoih, haatna, leh chitnate chu pilvangtahin leh bukimtahin ahung soi uhi. Singtangmite gualnop chu ni sagih sung zat ahi jel hi. A tawp chiangin, singtangmite silbawl hun ahung bei a, gualnop nuamhuaitahin hun ahung tung a, huleh mipa chu nam sung ah laahlutna leh vaidawn kiitna hun zat ahi."

Hih silbawl tungtawn in, huh mi sil bawl dihloute'n a hihna hung tang kiit in huleh a nam a diinga silbawl nei diingin a lungsim uh a bawl uhi. Hutobang a kietkhiaahna chu a kipaahhuai hi, huh khosung ah sual a um meengmeeng sih a kichi hi.

Midangte silbawlsual i muh chiangin, eite'n i thutan un i mohpaih uh ahihlouhleh i hehpihna leh khotuahna lungtang a pai masazaw ei chih i ngaihtuah diing uh ahi. Hitobang panlaahna toh, kingaihngiamna leh lungsiatna bangtan chiang ah i chituh viai chih i et diing uh ahi. Eimah leh eimah kien zing in, i sepdohsate a lungkim mai lou in, ajiahchu hun sawttah gingtu ina hita chi mai lou in i um diing uhi.

Mikhat suhsiang veh ahung hih chiangin, kiuahsahna khansahna diing hihna khat i nei chiat uhi. Hujiahin, kiuahsahna zung i bohdoh uh a poim hi. Hampa na aat a ahihleh, a zung tanpha a bohdoh ahihlouhleh ahung khandoh kiit bangbang ahi. Chihchu, sual hihna chu lungtang apat a, a bawn a bohkhiat ahihlouh jiahin, ginna hikhua hun sawttah i hung zattaah chiangin lungsim ah ahung kiitkiit hi. Hujiahin, Lalpa mai ah naupang bangin i kingaingiam zing diing va midangte ei sanga hoihzaw a ngai in, huleh hagaulam lungsiatna chituh sawm in, i um diing uhi.

Mi kiuangsahte Amau ah a Kimuang uhi

Nebuchadnezzar in Babylon Thupitah sana khang a hong hi. Khovel a sillimdang laha khat, Huan Kikhai chu amah hun laia kibawl ahi. Amah silbawltheihna thupi jala a lalgam zousiah leh natohte zousiah bawl ahi chiin a kiuangsah mahmah hi. Amah lim a kibawl a huleh mite a besah hi. Daniel 4:30 in hichiin a chi hi, "Hi Babylon loupi hi lalgam innpi diinga ka silbawltheihna haatna-a leh, ka loupina paahtawina diinga ka lam hilou ahiaimah?"

A tawp in Pathian koi ahiai vaihawmtu dihtah chih a hesah hi (Daniel 4:31-32). Amah chu a lalgam apat in nohdoh ahi, bawng bangin hampa a ne a, huleh kum sagih sung gamdai ah gamsa bangin a hing hi. Hu laitahin a laltouphah umzia bang ahiai? Pathian in ahung phalsah louhleh bangmah i nei thei sih hi. Nebuchadnezzar chu kum sagih zoh in a hinkhua pangai ah ahung um kiit hi. A kiuahsahna ahung hedoh a Pathian ahung phawh hi. Daniel 4:37 ah hichia gelh ahi, "'Huchiin kei Nebuchadnezzar in, a natohte zousiah thutah hi a, a lampite zousiah dihpa vaan Kumpipa chu ka paahtawi a, ka tawisaang a, ka zahbawlta hi; huleh kiliansahtaha khoheite chu ama'n asungiam thei hi,' chiin."

Nebuchadnezzar chauh ahi sih hi. Khovel a gingtulou khenkhatte'n, "Keimah ah ka kigingta," a chi uhi. Hizongleh khovel chu amaute a diingin baihlamtaha zoh diing sil ahi sih hi. Mihingte hihtheihna toh zoh suhveng zoh louh diing silk hovel ah tampi a um hi. Khovel siamna leh pilna leh khantouhna nasan zong siatna huihpi leh ziinliingte tel in a tun chiangin huleh gintaat louhpi a sil a tun chiangin a phatuam sih hi.

Huleh natna chi bangzah tuni hun a damdawite in a suhdam

theih louh um ahiai? Hizongleh mi tampi chu Pathian sangin buaina tuamtuam a tuaah chiangun amau ah a kigingtazaw uhi. Amau ngaihtuahna, siltuaah leh heetna te ah a kinga uhi. Hizongleh a lohchin diaahlouh chiangun huleh buaina a tuaah thouthou chiangun, Pathian gingta lou pi in Pathian tung ah a phun uhi. Hichu lungtang a kiuahsahna a um jiahin ahi. Huh kiuahsahna jiahin, a haatlouhna uh a phuangkhe sih va huleh Pathian chu kingaingiamtahin a phawhdoh nuam sih uhi.

A hehpihhuaizaw chu Pathian a gingta khenkhatte Pathian tung sangin khovel leh amau ah a kingazaw uhi. Pathian in A tate chu khangtou diing leh Amah panpihna a kinga diingin A deih hi. Hizongleh na kiuahsahna a Pathian mai a na kingaihngiam ut louhleh, Pathian in ahung panpih thei sih hi. Huchiangleh, meelmapa dawimangpa apat in ahung veengbit thei sih a, ahihlouhleh na lampi ah na khangtou thei sih diing hi. Pathian in Thupilte 18:12 a ana soi bangin, "Siatna masang ah mihing kisahtheihna a pai hi; hizongleh zahna masang ah kingaihngiamna a pai hi," lohsapna leh siatna hung tuttu chu bangmah dang ahi sih a hizongleh na kiuahsahna ahi.

Pathian in mi kiuangsahte chu a ngol ahi A chi hi. Vaangam A laltouphah leh lei A keengngahna a siamtu Pathian toh teh in, mihing chu bangchituha a neu ahiai? Mihing zousiah chu Pathian lim a siam ahi va huleh dinmun sang ahihlouhleh a ngiam hizongleh hang Pathian tate a kibang veh i hi uhi. Sil bangzah i kiuahsahpih diing khovel ah nei zonglei, hih khovel a hinkhua chu tomkhat sung chauh ahi. Hih hinkhua tomcha ahung bei chiangin, koipouh Pathian mai ah thutankhum in a um diing hi.

Hih leitung a kingaingiamtaha i bawldoh uh dungjuiin Vaangam ah tawisangin i um diing uhi. Hichu Jakob 4:10 a "Pathian mitmuhin kingaingiam un, huchiin ama'n ahung tawisaang diing hi" kisoi bangin Lalpa'n ahung tawisang diing jiah ahi.

Kuaah neukhat a tui a kivei leh, a naangden in huleh ahung namse diinga huleh ganhing a dim diing hi. Hizongleh tui chu khawl lou a, a luansuh leh, a tawp chiangin tuipi a tung diing ahuleh sil hing tampi kawm ah hinna a pe diing hi. Huchi mahbangin, i kingaingiam diinga huchiin Pathian mitmuh in i hung thupi diing uhi.

Hagaulam Lungsiatna Umziate I	1. A Thuaahthei
	2. A Ching
	3. A Thangse sih
	4. A Kiphat sih
	5. A Kiuangsah sih

6. Lungsiatna Kilawmlou in a Gamta sih

'Umdan' ahihlouhleh 'Chiindan' chu khotaang a gamtatdan dih, midangte tunga mite lungputdan leh khoheidan ahi. Ngeina chiindan in i niteng hinkhua a umdan tuamtuam tampi kihoudan, ann neehdan, ahihlouhleh etnopna suahna mun a mipi kikhopna a umdan chihte a nei hi.

Umdan kilawmtah chu i hinkhua a diinga a poimoh mahmahte khat ahi. Khotaang in a pomtheih umdan mun chih leh hun chih a kilawm in midangte a diinga deihsahna tangtaah gamtatdan ahung tut hi. A lehlam ah, umdan kilawm i latsah louh a, huleh umdan taangpi i ngaihsah louhleh, i kiim a mi umte a diinga a nopmoh thei hi. Huban ah, mikhat ka lungsiat i chih va hizongleh hupa tunga kilawmloutaha i gamtat louh va ahihleh, hu mipa a diingin i lungsiat tahtah chih gintaat a hahsa diing hi.

The Merriam-Webster's Online Dictionary in 'kilawmlou' kichi chu mikhat dinmun ahihlouhleh a hindan toh kituaahlou a um' chihna ahi a chi hi. Hitah ah zong ngeinadan a umdan kilawm tampi i niteng hinkhua vah kichibai leh kihoudan chihte a um hi. Limdangtahin, mi tampi chu huhamtaha a gamtat nung un zong kilawmloutahin a gamta nalai uh chih a phaw sih uhi. A biihin, ei toh kinaihte tung ah kilawmloutaha gamtat a baihlamzaw hi. Hikhu jiah chu mi khenkhatte toh nuam i sah chiangin, huhamna toh ahihlouhleh umdan hoih jui lou a gamtat a baihlam hi.

Hizongleh lungsiatna dihtah i neih a ahihleh, kilawmlou in i gamta ngei sih hi. Tehkhinna diingin suangmantam manphatah leh kilawmtah na nei hi. Huchi ahihleh, pilvangloutahin na keem diai? A keeh a, a siat a, ahihlouhleh a man louhna diingin pilvangtahin na keem diing ahi. Huchi mahbangin, mikhat na lungsiat tahtah a ahihleh, bangchituh a luul in na bawl diai?

Kilawmloutaha gamtat theihna dinmun nih a um hi: Pathian maia huhamna leh mihing tunga huhamna.

Pathian Lama Kilawmloutaha Gamtatna

Pathian a gingta leh Pathian lungsiat kichi mite lah nasan ah, a silbawlte uh i muh a huleh a thusoite uh i za chiangun Pathian lungsiatna apat a gamla tampi a um uhi. Etsahna diingin, kikhop lai a lusuh maimai zong Pathian mai a huhamna liantah khat ahi.

Biaahna kikhop laia lusuh chu Pathian Ngei mai a lusuh toh kibang ahi. Gam khat president ahihlouhleh company khat a CEO khat mai a lusuh chu umdan heetlouhhuaitah ahi diing hi. Huchi ahihleh, Pathian mai a lusuh chu bangchituh a umdan kilawmlou hi diing ahita diai? Pathian lungsiat nalai chi na phuan nalai chu ginlelhhuai diing ahi. Ahihlouhleh, na ngaih khat toh na kimu a huleh a mai ah na lusu hi. Huchi ahihleh, bangchiin hupa ka lungsiat tahzet na chi thei diai?

Huleh, kikhop laia na kawm a tou khu toh na kihou ahihlouhleh suun-mang na neih a ahihleh, hikhu zong kilawmloutaha gamtatna ahi. Hitobang umdan chu betu in Pathian zahbawlna leh lungsiatna a tasam chih heettheihna ahi.

Hutobang umdan in zong thusoitu a subuai hi. Etsahna in gingtu khat a kawm toupa toh kihou, ahihlouhleh ngaihtuahna khat ana nei ahihlouhleh ana lusu a um hi. Huchi ahihleh, thusoitu in a thusoi chu hoih zou lou a sa maithei hi. Hagau Siangthou thopna a mangsah maithei a, huchiin Hagau a dimna toh a soi thei lou maithei ahi. Hitobang gamtatna zousiah in a tawp chiangin betu dangte zong a subuai mahmah thei hi.

Hichu biaahna mun kikhop kimlai a nuutsiat toh a kibang hi. A dihtahin, mi khenkhat mohpuaahna jiah kikhopna kithuahpih diinga a dindoh uh ngai a um hi. Ahihvangin, hun poimoh biih loungal ah, kikhop a kizohveh chianga pawtdoh chu sil kilawm ahi. Mi khenkhat in hichiin a ngaihtuah uhi, "Thusoi ngaihkhiah chauh zong ahi thei hi," huleh kikhop tawp ma deuh in a pai uhi, hizongleh hibang gamtatdan zong a kilawm sih hi.

Tuni in biaahna kikhop chu Thuhun Lui a halmang sillat toh kibang a tehkhintheih ahi. Halmang sillatte a lat chiangun, ganta chu a sat neen va huleh huchiin a bawn in a haltum uhi. (Siampubu 1:9).

Hikhu, tuni hun a ngaihdan in, umzia chu a paidan leh chiindan kijui taangpi dungjui a a bul apat a tawp tandong biaahna kikhop dihtah leh chingtah i lat uh a ngai hi. I lungtang zousiah toh, daidide a haamteina toh pan in gualzawlna ahihlouhleh Lalpa Haamteina a zoh masangsiah biaahna paidan bukim i juih diing uh ahi. Phatna i sah chiangun ahihlouhleh i haamtei chiangun, ahihlouhleh thohlawm laah lai leh thupuan bawl hun nasan in, i lungtang zousiah i piaah diing uh ahi. Biaahinn kikhop chihlouh ah, haamteina kikhop, phatna leh biaahna hunk hat pouhpouh ahihlouhleh innvehna kikhopna te ah, i lungtang tengteng to i lat diing uh ahi.

I lungtang zousiah a Pathian biaah chu, a masapen in, kikhopna a vaigeih louh diing ahi. Midangte toh hunchiam i neihna a vaigeih a hoih sih hi, huleh Pathian mai hunchiam nein gal a vaigeih chu bangchituh a kilawmlou ahi diai? Pathian in i biaahna pom diingin biaahna mun ah ahungna ngaah hi.

Hujiahin, kikhopna kipat madeuh a i hung tun louh diing uh ahi. Hun kuan baih a huleh kisiih a haamtei a huleh kikhopna a diinga kisahkhol chu sil kilawm ahi. Huban ah, biaahna kikhop lai a 'cell phone' zat, biaah kikhopna a chiah zing laia naupang taisah leh kimawlsah lehleh chu kilawm lou a gamtatna ahi. Biaahna kikhop hun sunga chinggum hai ahihlouhleh neehtheih neeh chu kilawmlou a gamtatna toh dinmun kibang ahi.

Biaahna kikhopna a diinga na kicheidan zong a poimoh hi. A taangpi in, innsung a kicheidan ahihlouhleh nasepna puante silh a biaahinn kai a kilawm sih hi. A jiah ahihleh kicheina chu midangte i tawisangna leh zahbawlna i suhlatna chi khat ahi. Pathian tate Pathian a gingta dihtah in Pathian chu bangchituha luul ahiai chih a he hi. Hujiahin, Amah be diinga ahung chiangun, a kicheina uh a siangpen in ahung uhi.

Ahihvangin chu, a huchih sese louh hun zong a um thei hi. Nilaini kikhop ahihlouhleh Ziltawpna Zaankhovaah Kikhopna a diingin, mi tampi a nasepna mun vapat in tangtahin ahung kuan uhi. Kinohtaha a hun lap diinga ahung pai chiangun, a naseppuan utoh a hung pai uhi. Hitobang dinmun ah, Pathian in amaute a kilawmlou in a gamtaang uh A chi sih a hizongleh a nasepna va buai mahmah ahih laiun zong biaahna kikhopna lap tum teitei a hung ahihjiahun amaute apat a lungtang gimtui A ngah jiahin a kipaahzaw hi.

Pathian in biaahna kikhopnate leh haamteina tungtawn in eite toh kizopna hoihtah neih A ut hi. Hite chu Pathian tate'n a bawl ngeingei diing uh mohpuaahna ahi. A diaahin, haamteina chu Pathian toh kihoulimna ahi. Khatveivei, midangte a haamtei laiun, thukin khat a um jiahin a haamteina sutawp diingin a nung a va beeng maithei hi.

Hichu mikhat in a tung a mite kihoulimna a neih lai va

suhbuai toh a kibang hi. Huleh, na haamtei chiangin, midang in a hung kouh a na mit na hah a huleh na haamteina na khawl ngal leh, hikhu zong kilawmloutaha gamtatna ahi. Hitobang dinmun ah, haamteina na zoh masat a, huleh na dawn diing ahi.

Hagau leh thutah a biaahna leh haamteina i lat va ahihleh, Pathian in Pathian in gualzawlna leh lawmman ahung pe kiit diing hi. I haamteina chu a gangzaw in ahung dawng hi. Ajiahchu i lungtang silgimtui chu kipaahtaha A saan jiah ahi. Hizongleh kum khat, kum nih, hu sang a tamzaw kilawmloutaha gamtatna i kholkhawm va ahihleh, Pathian toh i kal ah sualna baang i lem diing uhi. Zi leh pasal, ahihlouhleh nulepate leh tate kikal nasan a, kilungsiatna bei umkhawmna a paitouh jel leh, buaina tampi a um diing hi. Hichu Pathian toh kisai in zong a dih hi. Pathian toh i kal a baang i lep ahihleh, natna ahihlouhleh tuahsiatnate apat in venbit in i um thei sih a, huleh buaina tuamtuam i tuaah diing hi. Haamteina sawtpipi nei zonglei, i haamteinate a dawnna i mu sih diing hi. Hizongleh biaahna leh haamteina hun lungput dih i neih a ahihleh, buaina chi tampi i suveng thei uhi.

Biaahinn chu Pathian Inn Siangthou ahi

Biaahinn chu Pathian tenna mun ahi. Psalm 11:4 in hichiin a chi hi, "LALPA chu A biaahinn siangthou ah a um; LALPA laltouphah chu vaangam ah a um hi."

Thuhun Lui hun ah, mi koipouh mun siangthou ah a luut thei sih hi. Siampute chauh a luut thei uhhi. Kum khat in khatvei chauh huleh siampulal chuah Mun Siangthou sunga Siangthoute Siangthou ah a luut thei hi. Hizongleh, i Lalpa uh khotuahna jiahin, munsiangthou ah michih a luut in Amah a va be thei uhi. Jesu'n A sisan toh i sualnate apat ahung tatdoh jiahin ahi,

Hebraite 10:19 a hichia a soi bangin, "Hujiahin, sanggam, Jesu sisan vang mun siangthou a luutna diingin kimuanna i nei uhi."

Munsiangthou kichi chu biaahna mun chauh chihna ahi sih hi. Kouhtuam kichi in a gamgi sung a munawng um zousiah a huangsung leh a vanzat dangteng a bawn in a huam hi. Hujiahin, kouhtuam a i umna mun phot ah, thumal leh silbawl neukhat nasan zong i pilvan mahmah diing ahi. I lungthah leh kinial ahiai ahihlouhleh khovel kisuhlimna ahihlouhleh sumhawlna toh kisai munsiangthou a i soi louh diing uh ahi. Biaahinn a Pathian sil siangthoute chu pilvangloutaha i khoih, suhsiat, suhkeeh, ahihlouhleh manlouh a umsah diing ahi sih hi.

A diaahin, biaahinn a sil zuaah leh lei chu pom theih ahi sih hi. Tuni in, Internet a bazaar kai hung umtouh toh kiton in, mi khenkhatte'n biaahinn sung ah a leite uh man a piaah va huleh a van leite uh a muh uhi. Hikhu chu a dihtahin sum kidawntuahna ahi. Jesu'n sumnen hengtute dohkaan a khuhleh a huleh kithoihna diinga ganhing zuaahte a delhmang chih i mu uhi. Jesu'n kithoihna diinga ganta Biaahinn a kizuaah nasan a pom thei sih hi. Hujiahin, i mimal poimoh a diing bangmah biaahinn a i lei ahihlouhleh i zuaah louh diing uh ahi. Hichu biaahinn huang sung bazaar neih toh kibang ahi.

Biaahinn a mun zousiah chu Pathian biaahna diing leh Lalpa i sanggamte toh kithuahkhawmna diinga kikoihtuam ahi. Biaahinn a i haamtei a huleh kikhopna i neih jel chiangin, biaahinn siangthouna phawhpha lou a i um louh diing uh ahi. Biaahinn i lungsiat va ahihleh, biaahinn ah kilawmloutahin i gamta sih diing uhi, Psalm 84:10 a, "Ajiahchu na inn huang sunga ni khat um chu mun danga ni saangkhat saangin ahoih jaw hi. Gitlouhna puan innte a um saangin ka Pathian inn a kotkhaah ngaahtu a pan ka ut jaw hi," kigial bangin.

Mite Tunga Kilawmloutaha Gamta

Bible in a sanggam lungsiat lou in Pathian zong a lungsiat thei sih diing a chi hi. Midang i muhtheihte tunga kilawmloutaha i gamtat a ahihleh, i muh theihlouh Pathian kawm ah zahna sangpen i pe thei diai?

"Mi'n Pathian ka lungsiat, chi ngaala, a unau amuhdah inchu, mi juau ahi; ajiahchu amuh gegu a unau bawn lungsiatloupi'n amuhlouh Pathian bangchi'n alungsiat thei diai" (1 Johan 4:20).

I niteng hinkhua gamtatdan kilawmlou taangpi, i phawh pahpah khaah louhte, i en diing uhi. A taangpi in, midangte dinmun ngaihtuah lou eimah phattuamna diing chauh i ngaihtuah va ahihleh, huhamtaha gamtatna tampi i bawlkha diing uhi. Etsahna diingin, phone a i haam chiangun, chiindan kilawm juih diing a um hi. Mi buai mahmah khat nitaah nung ahihlouhleh zaan hun a sawtpi i houpih va ahihleh, amah tung siatna i tut uhi. Kimuhna diing hunchiam a i vaigeih ahihlouhleh mikhat gintaatlouhpi a i veh ahihlouhleh i va tun chu chiindan kilawmlou ahi.

Mikhat in, "Ka kinaih mahmah va huleh sil bangkim a kizahbawltuah taahluat a poimoh diinga moh?" chiin a ngaihtuah uhi. Midang khat toh kisai sil bangkim hesiam diingin na kithuahthei mahmah uh ahi maithei hi. Hizongleh midang lungtang 100% a heetsiam chu a hahsa hi. Midangkhat kawm i kilawmtaatna soidoh in i kingaihtuah maithei, hizongleh ama'n a lehlam ah ana ngaihtuah maithei hi. Hujiahin, midangte sil muhdan apat ngaihtuah i tup diing uh ahi. Mikhat toh i kinaih mahmah a ahihleh amah tung kilawmloutaha gamtatkhaah diing i pilvan sem diing uh ahi.

Tampi vei i kinaihpihpente amaute lungtang suna ahilouhleh nopmohsah diingin pilvanhuailou thute i soikha un ahihlouhleh nasep pilvanhuai lou i semkha thei uhi. Hitobang in i innkuanpihte ahihlouhleh a lawmhoihte kawmah gamtat kilawmlou in i gamtakha jel va, huleh a tawp chiangin i kikal ahung buai a huleh a sia hi. Huleh, mi upa khenkhatte a sang va naupangzawte ahihlouhleh amau sanga dinmun ngiamzawte kilawmloutahin a bawl jel uhi. Zahna bei in a houpih va, ahihlouhleh midangte nopmohsah diingin kithuneisahtahin a bawl uhi.

Hizongleh tuni in, a nulepate, houtute, huleh a tung va mite, hoihtaha i bawl diingte uh hoihtaha bawl mi muh diing a vaang mahmah hi. Khenkhatte sil a kihengta a chi maithei uhi, hizongleh a kiheng kei lou bangahakhat a um hi. Siampubu19:32 in hichiin a chi hi, "A lusam kaangte ma-a na dindoh diinga, puteehte maai na jah diing ahi, huleh na Pathian na lau diing ahi: Kei LALPA chu ka hi."

Pathian in eite chu mihingte nasan tunga i mohpuaahna teng bawl diingin ahung deih hi. Pathian tate zong hih khovel daan leh paidante jui a huleh kilawmlou a gamta lou diingin ahung deih hi. Etsahna diingin, mipi mun a thawm i neih va, lampi a chil i siat va, ahihlouhleh lampi daante i bohsiat va ahihleh, hichu mi tampite tunga kilawmloutaha gamtatna ahi. Eite chu Khristian khovel vaah leh chi hi diingte i hi uhi, huleh i thusoite, gamtatdan leh umdante ah i kivensiam mahmah uh a ngai hi.

Lungsiatna Daan chu Tehna Lianpen ahi

Mi tampi'n a hun tamzaw uh midangte toh, kimuhna leh kihoulimna, neehkhawmna in a zang uhi. Huchiang ah, i niteng hinkhua vah ngeina a umdan kilawm tampi a um hi. Hizongleh michih in siamna tuamtuam a nei va huleh tawndan chu gam tuam leh nam tuamtuam ah a tuam hi. Huchi ahihleh, i umdan uh tehna bang ahita diai?

I lungtang a um chu lungsiatna daan ahi. Lungsiatna daan in Pathian amah ngei lungsiatna daan a kawh hi. Chihchu, i lungtang va Pathian Thu gelh va huleh i juihna chiangchiang va, Lalpa lungput i po diing va huleh kilawmloutahin i gamta sih diing uhi. Lungsiatna daan umzia dang khat chu 'pomsiamna' ahi.

Mikhat chu zaan mial lah ah a khut a thaumei tawi in a pai hi. Midang khat chu amah toh kituaah diingin ahung pai hi, huleh thaumei tawipa a muh chiangin, mittaw ahihlam a phawh hi. Huchiin mu thei zong hilou a bang diinga thaumei tawi ahiai chiin a dong hi. Huchiin ama'n a dawng a, "Na hung phuutkha louhna diinga ka tawi ahi. Thaumei chu nang a diing ahi," a chi hi. Hih tangthu apat in pomsiamna toh kisai neukhat i hedoh maithei uhi.

Midangte pomsiamna, bangmah lou tobang himahleh, in midangte lungtang khoihtheihna silbawltheihna thupitah a nei hi. Kilawmloutaha gamtatnate chu midangte pomsiamlouhna apat a hung piangdoh ahi, huh umzia chu lungsiatna a tasam chihna ahi. Midangte i lungsiat tahtah va ahihleh, amaute i pomsiam diing va huleh kilawmloutahin i gamta sih diing uhi.

Loubawlna ah theigah hoihloute i laahkhiat veh va ahihleh, theigahte'n a hoihna zousiah a la diing va, huchiin ahung khanglian un a hawng ahung sah diinga huleh a tui sih diing hi. Midangte i pomsiam louh va ahihleh, sil um zousiah chu tomkhat nuam i sahpih diing va, hizongleh i ning uh ahung kitel in huleh theigah kihahvaah beehseeh bangin vun sah mite i hung suaah diing uhi.

Hujiahin, Kolosite 3:23 in hichia a soi bangin "Na bawl phot ah, na natoh chu lungluttahin bawl in, huchiin mihingte a diingin hilou in Lalpa a diing bangin," Lalpa na i toh uh bangin zahna sangpen toh koipouh na i tohsah diing uh ahi.

7. Lungsiatna Amah a Diing Chauh a Ngaihtuah sih

Hih tulai khovel ah, mahni masialna muh a hahsa sih hi. Mite'n amah uh lawhna diing chauh a hawl va huleh mipi hoihna diing a hawl sih uhi. Gam khenkhat ah naungeeh in a neeh diing bawngnawi vui lah ah damdawi lauhhuai a hel uhi. Mi khenkhatte'n a gam va diinga poimoh mahmah siamnate a gu va a gam va diingin siatna thupitah a tut uhi.

'Ka innsah ah hilou' chih thu jiahin, solkal in mipite a diinga phatuam leikuaah ahihlouhleh mipi a diinga kihalna mun chih a bawl thei sih hi. Mite'n midangte hoihna diing a ngaihtuah sih va amau hoihna diing chauh a ngaihtuah uhi. Hi tungtaang sese lou zong, i niteng hinkhua vah mahni masialna toh kisai gamtatna tampi i mu uhi.

Etsahna diingin, sepna kibang ahihlouhleh lawmtate nekhawm diingin a chiah uhi. Bang ne diing chih a teel uh a ngai a, huleh khatzopen in amah duhzawng neeh a sawm teitei hi. Midang in hipa deihzawng a neehpih a, hizongleh a sunglam ah nuam a sa sih hi. Huban ah midangte'n midangte ngaihdan a dong masa pahpah uhi. Huchiangleh, midangte'n a duhzawng uh a tel uh chu, kipaahtahin a ne gige uhi. A koipen pawl ah na umkha ei?

Mi pawl khat in hun khat zat sawm in kimuhkhawmna a nei uhi. Ngaihdan tuamtuam a nei uhi. Mikhat in midangte'n amah ngaihdan a pompih masang uh thuzoh a tum hi. Midang in chu amah ngaihdan a phut teitei sih a, hizongleh midang ngaihdan a deihlouh chiangin a deihlouhdan a sulang a, hizongleh a pom jel thou hi.

Mi khenkhat in lah midangte'n a ngaihdan uh a soi phot uleh a ngaikhia uhi. Huleh a ngaihdan uh amah a toh a kibat louh zongleh, a juih sawm hi. Hutobang kibatlouhna chu mikhat in a lungtang a lungsiatna a neih zah apat hung piangdoh ahi.

Ngaihdan kisual kinahna ahihlouhleh kinial tungsah a umleh, hichu mite'n amau deihzawng a hawl a, amau ngaihdan chauh a paipih jiah uh ahi. Nupa khat in amau ngaihdan tuaah a paipih teitei tuaah va ahileh, kiphutuah zing diing va huleh khat leh khat a kihesiam thei sih diing uhi. A kituhluut va huleh a kiheetsiam va ahihleh kilemna a nei diing uhi, hizongleh amau ngaihdan tuaah a paipih teitei jiahun kilemna chu suhsiat ahi veu hi.

Mikhat i lungsiat va ahihleh, ei sangin hu mipa a khawhsahzaw diing uhi. Nulepate lungsiatna i en diing uh. Nulepa tamzote'n amau a kingaihtuah sangun a tate uh a ngaihtuah masazaw uhi. Huchiin, nute chu "Na meel hoih na e" chih zaah sangin "Na tanu meel hoih na e" chih zaah a utzaw diing uhi.

Amau in meh tuitah a neeh sangun, a tate'n a neeh hoih chiangun a kipaahzaw uhi. Amau in puan hoih a silh sangun, a tate uh puan hoih a silhsah uleh kipaahum a sazaw uhi. Huleh, amau sangin a tate pilzaw diingin a deih uhi. A tate uh chu midangte a phawhphaah va huleh a lungsiat uh diing uh a deih uhi. I innvengte leh midang koipouh kawm hitobang lungsiatna i piaahdoh va ahihleh, Pa Pathian chu i tung ah bangchituha kipaah diing ahiai!

Abraham in Lungsiatna toh Midangte Phattuamna diing A Hawlzaw hi

Eimah a diing sanga midangte deihzawng a masazaw a koih

chu kipumpiaahna lungsiatna apat hung kipan ahi. Abraham chu amah a diing sanga midangte phattuamna diing hawl mi etsahna hoihtah ahi.

Abraham in a pianna khopi a pawtsan laiin, a sanggampa tapa Lot in a jui hi. Lot in zong Abraham jalin gualzawlna tampi a tang a huleh Abraham leh Lot belaamte leh ganhonte a diingin tui kiningching a um sih hi. Khatveivei ganchingte uh kal ah kinialna ahung piangdoh jel hi.

Abraham in kilemna a suhsiat diing a ut sih a, huleh Lot kawm gam a deihna lamlam tel masa diingin huleh a lehlam zuan diingin deihtelna Lot a pe masa hi. A poimohpen chu ganchingna ah gantate a diingin hampa leh tui ahi. A umna mun vah ganhon zousiah a diing hampa leh tui kiningching a um sih a, huleh a mun hoihzaw piaahdoh diing kichi chu damna diinga sil poimoh piaahdoh toh a kibang hi.

Abraham in Lot a diinga hutobang ngaihkhawhna a neihna jiah chu Abraham in amah a lungsiat mahmah chihna ahi. Hizongleh Lot in hih Abraham lungsiat tahtah a hesiam tahtah sih hi; gam hoihzaw a tel, Jordan phaijang a tel a huleh a pawtdohta hi. Lot in amah a dinga hoihzaw gam a tel ngal chih a muh in Abraham in nuammohsahna a nei ei? Nei lou hial! A sanggampa tapa gam hoih a la chu a kipaah hi.

Pathian in Abraham lungtang hoih A mu a huleh a chiahna phot ah A gualzawl tamsem hi. Ahung hausa mahmah a huchiin a gamkaih a kumpite nasan in a zahtaat uhi. Hitah kiensah bangin, ei a diing sanga midangte phattuamna diing i hawl chiangin Pathian gualzawlna i tang ngei diing uhi.

I lungsiatte kawm eimah a bangahakhat i piaahdoh va ahihleh, bang dangteng sangin kipaahna chu bang dang teng sangin a thupizaw hi. Hichu a lungsiatte uh kawm sil luultah petute'n a heetsiam uh nuamna ahi. Jesu'n hutobang nuamna a tang hi. Hih kipaahna thupipen chu lungsiatna bukim i chituh chiangun i nei thei uhi. Hichu i huatte kawm piaah a hahsa hi, hizongleh i lungsiatte kawm piaah chu a hahsa sih hi. Kipaahtaha petute i hung hi diing uhi.

Kipaahna Thupipen Tanna Diingin

Lungsiatna bukim in kipaahna thupipen ahung tangsah hi. Jesu banga lungsiatna bukim neihna diingin, eimah sanga midangte i ngaihtuah masat diing uh ahi. Eimah sangin, i innveengte, Pathian, Lalpa, huleh kouhtuam chu i koih masat diing uh ahi, huleh hutobang a i bawl va ahihleh, Pathian ei ahung enkol diing hi. Midangte lawhna diing i hawl chiangun sil hoihzaw ahung pekiit hi. Vaangam ah i vaangam lawmman a kikhol diing hi. Hujiahin Pathina in Silbawlte 20:35 ah, "Muh sangin piaah chu gawlzawlna tamzaw ahi," A chi hi.

Hitah ah, sil khat i chian diing uh ahi. I tahsalam hatna gamgi peel a Pathian lalgam a diing ginumtaha sem a eimah leh eimah damtheihna lam a buaina i kitut louh diing uh ahi. Pathian in i hihtheihna chiang khel a ginum i tup va ahihleh i lungtang a pom diing hi. Hizongleh i tahsalam sapum in tawldamna a mamoh hi. Haamteina, anngawlna, huleh Pathian Thu heetbehna tungtawn in, kouhtuam a diinga sep chauh hilou in, i hagau uh khanna diinga i etkol diing uh ahi.

Mi khenkhatte'n sahkhua ahihlouhleh kouhtuam na a hun

tam talua zang in a inkote ahihlouhleh midangte tung ah hoihlouhna ahihlouhleh siatna a tungsah uhi. Etsahna diingin, mi khenkhatte'n a na vah a mohpuaahna uh hoihtahin a sem thei sih uhi ajiahchu an a ngawl jiahun. Skulnaupang khenkhatte'n Sunday skul a kihahzat talua in a lehkhasimte uh a nelhsiah maithei uhi.

A tung a i soite tungtaang ah, amau lawhna hawl lou in a kingaihtuah maithei uhi ajiahchu amaute'n na hah toh in a tong uhi. Hizongleh, hikhu a dih tahtah sih hi. Lalpa a diinga natong ahihvangun, Pathian innsung a diing a ginum sih va, huleh huchiin Pathian tate mohpuaahna buching a sepdoh sih uh chihna ahi. A tawpna ah, amau lawhna diing chauh hawl ahi uhi.

Tuin, sil zousiah a eimah lawhna hawl i hihlouhna diing un bang i bawlta diviai? Hagau Siangthou a i kingah diing uh ahi. Hagau Siangthou, Pathian lungtang ngei in, thudih ah ahung pui hi. Sawltaah Paul in, "Na neeh un hileh, ahihlouhleh na dawn un hileh, na bawl photmah uh Pathian loupina diingin bawl veh un" (1 Korinthete 10:31) a chih bangin Hagau Siangthou puina nuai ah sil bangkim i bawl va ahihleh Pathian loupina diing chauh in i hing thei uhi.

A tung a banga bawl theihna diingin, i lungtang vapat in gilou i paihmang uh a ngai hi. Huban ah, i lungtang va lungsiatna dihtah i chituh va ahihleh, hoihna pilna i tung ah ahung tu diinga huchiin dinmun chinteng ah Pathian deihzawng i he thei diing uhi. A tung a bangin, i hagau a khantouh leh, sil bangkim a ei a diingin a pai hoih diinga huleh i chidam diing hi, huchiin a tawp chiang ah Pathian tung a diingin i ginum diing uhi. I innveengte leh innkuante'n zong ahung lungsiat diing uhi.

Nupa kiteeng thahte ka gualzawlna haamteina neihsah diinga ahung pai chiangun, khat leh khat phattuamna diing kihawltuahsah diingin ka haamteisah masapen veu hi. Amau a diinga tuaah a kihawl va ahihleh, innkuan kituaah ahi thei sih diing uhi.

I lungsiatte ahihlouhleh bangahakhat phattuamna i neih theih diingte lawhna diing i hawl thei uhi. Hizongleh sil chinteng a ei hung subuai a huleh amau lawhna diing chauh ngaihtuahte toh kisai bang chi diing hi? Huleh siatna hung tut a ahihlouhleh siatna hung thuaahsahte, ahihlouhleh bangmah phattuamna hung pe thei loute toh kisai lah? Thudihlou a gamta leh hun zousiah a thu hoihlou soi zingte tung ah bangchiin i gamta ei?

Hutobang dinmun ah, i kiheetmohbawl mai a ahihleh ahihlouhleh amaute a diinga i kipumpiaah noplouh leh, eimah a diing i hawl nalai uh chihna ahi. Eimah ngaihdan toh kituaah lou ngaihtuahna tuam nei mite nasan kawm ah zong eimah i kipumpiaah theih uh a ngai hi. Huchi ahih chiang chauh in hagaulam lungsiatna nei mi in i kikoih thei pan giap diing uhi.

8. Lungsiatna a Lungthahbaih sih

Lungsiatna in mihingte lungtang a sudih hi. A lehlam ah, lungthahna in mmikhat lungtang a susia hi. Lungthahna in lungtang a suna a huleh a sumial hi. Hujiahin, na lungthah leh, Pathian lungsiatna ah na teeng thei sih hi. Meelmapa dawimangpa leh Setan in Pathian tate mai a, a thaang kam lianpen chu huatna leh lungthahna ahi.

Lungthahsah a um kichi chu lungthah, kikou, haamsiat, ahihlouhleh hiamngam chihna ahi sih hi. Na meel ahung kiheng a, na mai ahung san a, huleh na aw ahung kithing chiangin, hite zousiah chu na lungthahna a gamtatna ahi veh hi. A saandan chu a dinmun chih kibang sih mahleh, hichu lungtang sung huatna leh muhdahna a polam a kilatsahna ahi veve hi. Hizongleh huchi chiang ah zong, mikhat meelsuah muh mai in, a lungthah ahi chiin i thutankhum ahihlouhleh mohpaih diing uh ahi sih hi. Mi koimah in midang lungtang chu a heetsiam dihchet chu sil baih ahi sih hi.

Khatvei Jesu'n Biaahinn a sil zuaahte a nohmang hi. Sumkawlveimite'n dohkaan a doh va huleh sumneen a heng va ahihlouhleh Chiahkaan zang diinga Jerusalem Biaahinn a hung paikhawm mipite kawm ah gantate ana zuaah uhi. Jesu chu A nunnem mahmah hi; koimah toh A kinial ahihlouhleh a kikoudoh sih hi, huleh koimah in lampi ah A aw a za sih diing uhi. Hizongleh hitobang siltung mu in, A ngaihdan chu a ngeina bang het lou in ahung um hi.

Kijepna chu khau in ahung bawl a huleh belaamte, bawngte, huleh kithoihna dangte a nohmang hi. Sum neen hengtute leh vakhu zuaahte dohkaan a khuhleh hi. A kiim a mite'n hih Jesu a muh un, A lungthah in a ngaihtuah uhi. Hizongleh hikhu hun ah, Amah chu lungsim sia huatna chihte neih jiaha lungthah ahi sih hi. Dihtatna lungthahna ahi giap hi. A dihtatna lungthahna jalin, Pathian Biaahinn suhbuaahna dihtatlouhna chu pom theih ahi keei sih chih ahung hedohsah hi. Hitobang dihtatna lungthahna chu Pathian A dihna toh lungsiatna subukimtu lungsiatna apat hung gahsuah ahi.

Dihtatna Lungthahna leh Lungthahna Kibatlouhna

Mark Bung 3 ah, Sabbath ni in Jesu'n mikhat a khut vun gaw khat synagogue ah A sudam hi. Mite'n Jesun Sabbath ni mi A sudam ei chiin a en uhi ajiahchu Amah Sabbath bohsia chia a ngoh theihna diing un. Hih hun ah, Jesu'n a ngaihtuah uh A he a huleh hichiin a dong hi, "Sabbath ni sil hoih bawl a dih ei ahihlouhleh sil sia bawl, hinna huuhhing ahiai ahihlouhleh thah?" (Mark 3:4)

A lunggel uh ahung kilangdoh hi, huleh a baan soibeh diing a he nawn sih uhi. Jesu lungthahna chu a lungtang khauh uh khu ahi.

Huleh ama'n a lungtang khauhdaan uh poisa tahin, lungthah puma aet kimveel nungin, hupa kawmah, Na khut jan dohin, achi a. Huleh ama'n ajandoha: huchiin alangkhat bangin adamta hi (Mark 3:5).

Hu laiin, migiloute'n Jesu, na hoihte chauh sem, chu mohpaih leh thah diing chauh a tum uhi. Hujiahin, khatveivei, Jesu amaute tung ah thu khauhtah A zang jel hi. Hichu amaute heetsiamsah leh siatna lampi apat a kiheikhiatna diing va ahi. Huchi mahbangin, Jesu dihtatna lungthahna chu A lungsiatna apat a hung kuan ahi. Hih lungthahna in khatveivei mite a khanglousah a hinna ah a puiluut hi. Hichibangin lungthah a um leh dihtatna lungthahna chu a kibang keei sih hi. Mikhat suhsiang ahung hih a huleh sualna a nei keei louh chiangin, a taaina leh phawhna in hagau a diingin hinna a piaah hi. Hizongleh lungtang kisuhsianghtouna um lou in, hitobang gah koimah in a suang thei sih hi.

Mite lungthahna a jiah tuamtuam a um hi. Khatna, mite ngaihdan leh a deih uh chu a kibang sih hi. Koipouh in innkuan tuam leh siamna tuam chiat a nei va, huchiin a lungtang uleh ngaihtuahna, a sil tehna uh a chituam chiat hi. Hizongleh amau ngaihdan in mite a paipih sawm uhi, huleh hitobang paidan ah ngaihdan khauhtah ahung nei uhi.

Etsahna in a pasal in chi al a lai in a zi in a duh sih hi. A zi in, "Chi tam talua chu damtheihna diinga hoih lou ahi a, huleh chi tawmcha na neeh diing ahi," a chi thei hi. Hikhu chu a pasal damtheihna diingin a thuhilh thei hi. Hizongleh a pasal a ut louh leh, a chih teitei diing ahi sih hi. A nih va a kithumantuah diingdan uh lampi a hawl diing uh ahi. A nih va tupna a neih chiangun innkuan nuamsa ahung bawldoh thei uhi.

Nihna, mikhat chu midangte'n a thusoi a ngaihkhiaah louh chiangun a lungthah thei hi. Amah chu mi upa ahihlouhleh dinmun sangzaw ahihleh, midangte'n amah thusoi ngaikhe leh uh a deih hi. A dihtahin, tung a mite zahbawl leh dinmun sangzawte a umte thu mang a dih hi, hizongleh hih mite'n amau sanga dinmun ngiamzawte thagum a thu mansah chu a dih sih hi.

Mikhat dinmun sangzaw a um in a nuai a mite thusoi a ngaihkhia het louh leh a thusoite bangmah dong tam sese lou a mite'n a man diinga deih chih bang zong a um hi. Hun dang ah mite'n sil a mangsah ahihlouhleh dihloutaha a kibawl chiangun a lungthah uhi. Huban ah, mite'n a jiah bei a, a huat chiangun, ahihlouhleh amah ngetna banga ahihlouhleh a thupiaah banga; ahihlouhleh mite'n a haamsiat ahihlouhleh a simmoh chiangun a lungthah hi.

A lungthah ma un, mite'n a lungtang vah ngaihtuahna gilou a nei zouta uhi. Midangte thusoi ahihlouhleh gamtatna in hutobang a ngaihtuahna uh tohthou hi. A tawp chiangin lung uh suhbuai a um chu lungthahna bangin ahung pawtdoh hi. A taangpi in, hih ngaihtuahna gilou chu lungthahna kalbi khatna ahi. I lungthah chiangin Pathian lungsiatna ah i teeng thei sih va huleh hagaulam khanna chu nasahtaha daal in a um hi.

Lungsim gilou i neih chiangun thudih toh eimah leh eimah i kiheng thei sih uhi, huleh suhlungthah um chu i kihepmangsan diing uh ahi a, huleh lungthahna mahmah zong i paihmang diing uh ahi. 1 Korinthete 3:16 in hichiin a chi hi, "Pathian biaahinn na hi uh chih leh Pathian Hagau nou ah a um chih he lou na hi viai mah?"

Hagau Siangthou in i lungtang chu biaahinn bangin a ngai a huleh Pathian in ahung en zing a, huchiin i ngaihdan toh kituaahlou sil khenkhatte jiahin suhlungthah in i um sih diing uhi.

Mihing Lungthahna in Pathian Dihtatna A Tongdoh Sih hi

Elisha tungtaang ah, ama'n a houtupa, Elijah hagau, mun nih a tang a, huleh Pathian silbawltheihna natoh tamzaw a semdoh hi. Numei chiin chu nauvom theihna gualzawlna a pia hi; mi sisa a kaithou hi, phaah a sudam hi, huleh gaalte a zou hi. Tui dawn theih louh a chi soh in tui hoih a suaahsah hi. Ahihvangin, natna, Pathian zawlnei khat a diinga sil um vaang mahmah khat, ah a si hi.

A jiah bang hi diing ahiai? Hichu Bethel a, a chiahtouh lai ahi. Khopi apat in naupang hon ahung pawtdoh va huleh amah a chiamnuih bawl uhi, ajiahchu a lu ah sam a tam sih a huleh a meel chu a hoih sih hi. "Chiah tou in, lukolhpa; chiah tou in, lukolhpa!" (2 Kumpipate 2:23)

Mi nih chauh hi lou in, hizongleh naupang tampi in Elisha jui in huleh a enghou va, huleh ama'n nuammoh a sa hi. A thuhilh a huleh a tai hi, hizongleh a ngaikhe sih uhi. Zawlnei kawm ah hahsatna chu luhlultahin a pia va, huleh hichu Elisha a diingin a thuaah hahsa mahmah hi.

Bethel chu Israel gam kikhen zoh in Israel Mallam a milim biaahna mun poimohtah ahi. Hih mun a naupangte chu milim biaahna dinmun jiahin a lungtang uh khauh gawp zong ahita maithei hi. Lampi ana khaahtan in, Elisha a chilphih va, ahihlouhleh suang a ana sep uh ahi maithei hi. Elisha in a tawp in a haamsiat hi. Vompi nih singkung lah apat in ahung pawtdoh va huleh a bawn un sawmli leh nih a that uhi.

A dihtahin, Pathian mikhat chiamnuih bawlna ah a gamgi uh khen in a tung va a kilaah uh ahi a, ahihvangin hikhu in Elisha in lungsim gilou a nei chih a chiangsah hi. Natna jal a, a sih chu sil kilawm lou talua ahi sih hi. Pathian tate a diingin suhlungthah a um a dih sih chih i muthei uhi. "Mihing lungthahna in Pathian dihtatna a tut sih hi" (Jakob 1:20).

Suhlungthah a Um Louh Diing

Suhlungthah i hih louhna diingun bang i bawl uh a ngai ei? Mahni kideehtheihna a sawntumsuh diing ahiai? 'Spring' i hahsawn dungjuiin, i khut uh i laahkhiat uh toh kiton in naahpi in a kitawmtou hi. I lungthah chiangun hutobang chet ahi. I sawntum vaah ahihleh, a hun lai in kinahna i peel thei maithei uhi, hizongleh hun khat ah ahung pawhzaah ngeingei diing hi. Hujiahin, suhlungthah a um louhna diingin, lungthahna lungsim himhim apat i kikoihmang diing uh ahi. I sawntum louh diing uh ahi a, hizongleh i lungthahna chu hoihna leh lungsiatna a i hen diing uh ahi huleh huchiin i sawntum uh a ngai sih diing hi.

A dihtahin, zaan khat thu in i lungsim gilou zousiah i paihmang un huleh hoihna leh lungsiatna toh i heng thei sih uhi. Niteng a i tup uh a ngai hi. A tuung in, mi tohthou thei dinmun ah, Pathian khut a sil i ngah va huleh i thuaahtheih uh a ngai hi. Thomas Jefferson, United States President thumna toh kisai simna ah, hichiin a kigelh a kichi hi, "Lungthah chiangin, thu na soi masang in sawm tan sim in; na lungthah mahmah leh, zakhat tan." Korea thusoi khat in hichiin a chi hi, "thuaahtheihna thumvei neih in tualthahna a daal hi."

I lung a thah chiangin, i lungthah a ahihleh i kinungtawl va huleh hikhu in bang phattuamna hung tut diing ahiai chih i ngaihtuah diing uh ahi. Huchiangleh, poi i sah diing bangmah ahihlouhleh i zumna diing bangmah i bawl sih diing uhi. Haamteina leh Hagau Siangthou panpihna jala thuaahtheih i sawm chiangin, lungthahna lungsim gilou ngei i paihmang diing uh ahi. A ma sawm vei i lungthah va ahihleh, a nambar chu kua vei huleh giat vei huleh a banban a i suhtawm diing uh ahi. Huzoh chiangin, lungthah theihna dinmun a i din chiangin nasan in zong muanna i nei diing uhi. Huchiangleh bangchituhin i kipaah diai!

Thupilte 12:16 in hichiin a chi hi, "A lunggeelsiamnain mi alungthah hahsah a; tatsualna chiahkaan chu a loupina ahi."

'Lungthahna' chu 'Danger (Lauhhuai) kichi apat a 'D' chauh laahdoh ahi. Lungthah chu bangchituh a lauhhuai ahiai chih i hedoh thei maithei uhi. A tawpna a gualzou chu a thuaahzoutu ahi. Mi khenkhat in biaahin sung a um chiangin amah sulungthah thei dinmun ah mahni kideehzohna ah pan a la thei uhi, hizongleh inn, skul, ahihlouhleh natohna mun ah a lungthah pahpah uhi. Pathian chu biaahinn chauh ah a um sih hi.

Ama'n i tou leh ding, huleh thumal i soi chih leh i ngaihtuah chih A he hi. Khoimuhpouh ah A hung en a, huleh i lungtang ah Hagau Siangthou A teeng hi. Hujiahin, hun zousiah ah Pathian mai a ding tobang a hinkhua i zat diing uh ahi.

Nupa khat a kinial uhi, huleh a pasal lungthah in a zi kawm ah a kam hup diingin a kikoukhum hi. Limdang a sa mahmah a huleh a sih tandong kam khat zong a keeh kiit nawn sih hi. A pasal a zi tunga a lungthahna sehkhum leh a zi chu a genthei mahmah tuaah uhi. Suhlungthah a um in mi tampi a gentheisah jiahin, lungsim gilou chinteng apat i kihepmang sawm diing ahi.

9. Lungsiatna Sil Gilou a Ngaihtuah sih

Ka natohna ah mi chi tuamtuam tampi toh ka kimu hi. Mi khenkhat in Pathian lungsiatna chu Amah ngaihtuah maimai kawm in a phawh thei va huleh a mittui uh a pawtsahpah uhi a huchih laiin midangte'n a lungtang va buaina a nei uhi ajiahchu Amah gingta in lungsiat mahleh uh, a lungtang vah Pathian lungsiatna thuuhtahin a phawh sih uhi.

Pathian lungsiatna i phawhna chiang chu sualnate leh gilou i paihmang tan chiangchiang ah a kinga hi. Pathian Thu a i hin chiangchiang leh i lungtang vapat gilou i paihmangna chiangchiang ah, i ginna uh khanna ah tawpna nei lou in i lungtang thuuhtah sung vah i phawh thei uhi. Ginna lampaina khatveivei hahsatna i tuaah maithei uhi, hizongleh hu laiin hun zousiah a hung na ngaah Pathian lungsiatna i heet zing diing uh ahi. A lungsiatna i heetpha sungsiah, dihloutaha gimthuaahna i bangmahin i ngai sih diing uhi.

Dihloutaha Gimthuaahna Khawhngaih

A lehkhabu Healing Life's Hidden Addictions kichi ah, Dr. Archibald D. Hart, Fuller Theological Seminary a School of Psychology a dean masa in, America a khangthahte li laha khat in lungkiatna a nei a, huleh huh lungkiatna, damdawi, thanghuaina, Internet, zu dawnna, huleh nahzial teep in khangthahte hinkhua a susia hi.

Hutobang silchiin zongsat apat tawpna in ngaihtuahna, lunggel leh umdan ahung hen chiangin, sil puaahdan siamna neukhat, chauh a um hi. A zongsangsate chu a suaahtaat theihna diingun a huaahbuuh uh natohna kai lehleh thei silchiin zongsat dang ah a kihei maithei uhi. Hih umdan zongsatte lah ah numei pasal kipolhna, lungsiatna leh kingaihzawngna (SLR) a tel hi. Bangmah apat in lungkimna dihtah a mu thei sih uhi, huleh Pathian toh kizopna apat a hung kuan khotuahna leh nuamna a phawh thei sih uhi, huleh huchiin Dr. Hart dungjuiin damlouhna nasatah a nei uhi. Zongsatna kichi chu Pathian in ahung piaah khotuahna leh nuamna chih louh a sil dangte apat lungkimna muh sawmna ahi a, huleh hikhu chu Pathian kiheetmohbawlna gahsuah ahi.

Tuin, dihloutaha gimthuaahna bang ahiai? Hikhu in sil gilou zousiah a kawh hi, Pathian deihzawng toh kituaah loute. Gilou ngaihtuah kichi in a taangpi in chi thum in a kikhen thei hi.

A khatna chu midangte toh kituaahlou a pai utna na ngaihtuahna ahi.

Etsahna diingin, mikhat toh na kinial uhi. Huchiin, na ho mahmah a huchiin, "Khual zin henla huleh kipuuh leh" chiin na ngaihtuah hi. Huleh, na innveeng khat toh na kituaah sih a, huleh a tung ah silhoih lou khat ahung tung hi. Huchiin, "A hoih ve!" ahihlouhleh "A hichi diing chih ka he!" chiin na ngaihtuah hi. Skulnaupang toh kisai ah, skulnaupang khat in a pawl kibatpih khat chu exam na a bawl hoih lou diingin a deih hi.

Nangmah a lungsiatna dihtah na neih leh, hutobang sil gilou na ngaihtuah sih diing hi. Na ngaih mahmah khat damlou ahihlouhleh tuahsia tuaah diingin na deih diai? Na ngaih mahmah na zi ahihlouhleh na pasal chu chidam leh tuahsiatna apat bit diingin na deih gige diing hi. I lungtang va lungsiatna i neih louhleh, midangte tunga bangahakhat siatna tung diingin i deih va, huleh midangte dahna ah i nuam uhi.

Huleh, lungsiatna i neih louh va ahihleh, midangte dihlouhna ahihlouhleh haat louhna i he ut un huleh i thehdalh ut uhi. Kikhopna khat ah na va chiah a, huleh mikhat in midang khat hoihlouhna a soi hi chi ni. Hutobang kihoulimna a na lungluut leh, huchiin, na lungtang na etthah a ngai diing hi. Mikhat in na nulepate a simmoh va ahihleh, na ngaikhe ut zing diai? Kintaha khawl diingin na hilh diing hi.

A dihtahin, khatveivei midangte na panpih ut jiahin midangte dinmun na heet ut hun a um hi. Hizongleh hutobang ahih louh a huleh midangte toh kisai a hoihlou na zaah na lungluut leh, midangte na simmoh ut jiah ahihlouhleh na soisiat ut jiah ahi. "Koipouh tatsualna khuhin lungsiatna ahawl a; hizongleh koipouh thu khat veel soisoiin lawmte ngeei ngeei asukhen hi" (Thupilte 17:9).

A lungtang va hoih leh lungsiatna neite'n midangte dihlouhna khuhkhum a sawm uhi. Huleh, hagaulam lungsiatna i neih a ahihleh, midangte a hoih chiangun i thangsia ahihlouhleh i eng sih uhi. A hoih diingin huleh midangte'n a lungsiat diingun i deih uhi. Lalpa Jesu'n i meelmate nasan lungsiat diingin ahung hilh hi. Romte 12:14 in zong hichiin a chi hi, "Nou hung bawlsete gualzawl unla; gualzawl unla huleh haamsiat sih un."

Ngaihtuahna gilou in a kawh nihnachu midangte thutan leh mohpaihna ngaihtuahna

Etsahna diingin, gingtu dangkhat gingtute hoh louhna diing mun a hoh na mu hi. Huchi ahihleh bangtobang ngaihtuahna na nei diai? 'Bangchidan a huchia bawl ahiai?' chia ngaihtuah in, nang a gilou a umna chiangchiang ah ngaihdan dihlou na nei diing hi. Ahihlouhleh, hoihna neukhat na neih leh, 'Bang jiaha hutobang mun a chiah ahiai?' chiin limdang na sa diing hi, hizongleh huchiangleh, na ngaihtuahna na heng a huleh a bawlna diing jiah khat um hinteh chiin na ngaihtuah hi.

Hizongleh hagaulam lungsiatna na lungtang a na neih leh, a masapen in ngaihtuahna gilou bangmah na nei sih hi. Silkhat a hoih sih chih za zongleh chin, thudih hoihtaha na khualchet masang hupa chu tung ah thutanna ahihlouhleh mohpaihna na bawl sih diing hi. Hun tamzaw ah, nulepate'n a tate toh kisai sil hoihlou neukhat a zaah chiangun, bang a chi um viai? A pom pahngal sih va hizongleh a tate'n hutobang in a bawl sih diing uh chiin a pang uhi. Hitobang thu soite chu mi hoihlou in a ngaihtuah diing uhi. Huchi mahbangin, koiahakhat na lungsiat tahtah a ahihleh, a hoihtheipen in amah chu ngaihtuah na sawm diing hi.

Hizongleh tuni in, mite'n midangte a hoihlou in a ngaihtuah va huleh amaute toh kisai thu hoih lou tampi a soi pahpah uhi. Hikhu chu mimal kikal chauh ah ahi sih a, hizongleh dinmun sangtah a umte zong a soisia uhi.

Bang sil tung um ahiai chih a bawn a muh a sawm sih va, huleh huchi pum in zong zuau thuleengleh a thehdalh uhi. Internet a dawnna khauhtah jiahin, mi khenkhatte amah leh amah a kithat uhi. Amah tehna toh huleh Pathian Thu toh hilou in, midangte a thutan va huleh a mohpaih uhi. Huchi ahihleh Pathian deihzawng hoih bang ahiai?

Jakob 4:12 in hichiin ahung hilh malawh hi, "Daan petu leh thukhentu khat auma, ama'n chu a hundam theia, a suseveh thei hi; mi dang soiseeltu nang koi na hiai?"

Pathian chauh in A thutan thei hi. Chihchu, Pathian in i innveengte thutan chu gilou ahi chiin ahung hilh hi. Etsahna in mikhat sil dihlouh khat a bawl hi. Hitobang dinmun ah, hagaulam lungsiatna neite a diingin hu mipa silbawl a dih leh a dihlou in bangmah poimohna a nei sih hi. Hu mipa a diinga bang ahiai a phatuam diing chih chauh a ngaihtuah diing uhi. Hu mipa hagau khantouhna diing leh Pathian in amah A lungsiat diing chauh a deih diing uhi.

Huban ah, lungsiatna bukim chu sualna khuhkhum chauh ahi sih a, hizongleh midang khu kisiih thei diinga panpih zong ahi. Thudih i hilh theih uh a ngai a huleh hu mipa lungtang i khoih theih uh a poimoh hi huchia lampi dih a, a pai theih a huleh amah leh amah a kihen theihna diingin. Hagaulam lungsiatna bukim i neih va ahihleh, hu mipa chu hoihna toh i et sawm uh a ngai sih hi. A taangpi in mikhat sualna tampi nei nasan zong i lungsiat uhi. I muang mai un huleh i panpih nuam uhi. Midang thutanna ahihlouhleh mohpaihna diing ngaihtuahna i neih louh va ahihleh, i kimuhpih phot toh nuam i sa diing hi.

A thumna chu Pathian deihzawng toh kituaah lou ngaihtuahna tengteng ahi.

Midang toh kisoi ngaihtuahna gilou chauh hilou in hizongleh Pathian deihzawng toh kituaahlou ngaihtuahna khat pouhpouh neih chu ngaihtuahna gilou ahi. Khovel ah, hoihna tehna leh sialepha heetna dungjuia hingte chu hoihna a hing a kichi hi.

Hizongleh hoihna leh sialepha heetna chu hoihna tehna bukim ahi sih hi. A nih un Pathian Thu toh kituaahlou ahihlouhleh kikalh mahmah sil tampi a nei tuaahtuaah uhi. Pathian Thu chauh hoihna tehna bukim ahi thei hi.

Lalpa pomte'n misualte ahi uh chih a phuang uhi. Mite'n hoihna leh hinkho hoih a, a hin uh a kisahtheihpih va, hizongleh a gilou nalai va huleh Pathian Thu dungjuiin a misual ahi nalai uhi. Hikhu jiah ahihleh Pathian Thu toh kituaah lou photmah gilou leh sual ahih jiah ahi, huleh Pathian Thu chu hoihna tehna bukim ahi (1 Johan 3:4).

Huchiangleh, sual leh gilou kibatlouhna bang ahiai? Ngaihdan zaautahin, sual leh gilou chu thudih Pathian Thu toh kikalh thudihlou ahi tuaahtuaah hi. Mial, Pathian Vaah hipa toh kikalh ahi.

Hizongleh a kimzaw a i et chiangun a kibang sih mahmah uhi. Hi tegel singkung toh tehkhin in, 'gilou' chu a zung lei a kiphum huleh muh theih louh tobang ahi a, huleh 'sualna' chu a baahte, tehte, leh a gahte tobang ahi.

A zung um lou in, singkung in a baahte, a tehte, ahihlouhleh a gahte a nei thei sih hi. Huchi mahbangin, gilou jiahin sual chu a um hi. Gilou chu mikhat lungtang a teeng ahi. Hichu hoihna, lungsiatna, huleh Pathian thudih kalh a um hihna ahi. Hih gilou chu bangchizawng ahakhat a taahlat ahih chiangin, hichu sualna a kichi hi.

Jeusu'n hichiin a chi hi, "Mi hoihin a lungtang goubawm hoiha kipanin sil hoih ahung suahkhia a; huleh mi gilouin a lungtang goubawm sia-a kipanin sil hoihlou ahung suahkhe veu hi. Bangjiahin ahiai ichihleh lungtanga dimvaal chu a kamin asoi ahi" (Luke 6:45).

Etsahna in mikhat in a huat mahmah khat suhnatna diing silkhat a soi hi. Hikhu chu a lungtang a gilou khuh 'huatna' leh 'thusoi gilou,' sual kichiang mahmah a ahung kilatkhia hun ahi. Sual chu tehna Pathian Thu, thupiaah khu, kichi dungjuiin ahung kihedoh leh a kilangchiang hi.

Daan koimah in koimah a gawt thei sih uhi ajiahchu heetsiamna leh thutanna ah tehna a um sih hi. Huchi mahbangin, sual chu ahung kilangdoh hi ajiah ahihleh hichu Pathian Thu tehna toh a kikalh hi. Sual chu tahsalam sil leh tahsalam natoh in a kikhen hi. Sual silte chu lungtang leh ngaihtuahna a kibawl huatna, enna, thangsiatna, angkawmna lungsimte ahi a, huleh tahsalam natohte chu gamtat a kibawl kinialna, lungthahna, ahihlouhleh tualthahna chihte ahi.

Hikhu chu khovel a sualna leh giitlouhna sualna tuamtuam a, a kikhen tobang ahi ahi. Etsahna diingin, koi tung a sual kibawl ahiai chih a kinga in, gam, mipi, ahihlouhleh mimal tunga a sualna ahi thei hi.

Hizongleh mikhat in a lungtang a gilou a neih vangin, ama'n sual a bawl teitei diing chihna a um sih hi. Pathian Thu a ngaihkhiaah a huleh mahni kideehzohna a neih leh, a lungtang ah gilou khenkhat nei zongleh sual bawl chu a peel thei hi. Hichi chiang dinmun ah, muhtheih sual a bawl louh jiahin siangthouna semdoh zou a kingaihtuah a lungkim jiang maithei hi.

A bukim a suhsiang hihna diingin, bangteng hileh, i mihihna a gilou umte, i lungtang thuuhtah a um, i paihmang diing uh ahi. Mikhat mihihna in a nulepate apat a, a laahsawn gilou a um hi. Dinmun paahngai ah a taangpi in a kilang sih hi hizongleh dinmun hahsa deuh ah ahung kilangdoh diing hi.

Koreate thusoi khat hichia soi ahi, "Ni thum sung anngawl a, a umleh a innveengpa daai a tawmkaan diing hi." Hichu "Poimohna in daan a hepha sih" chih toh a kibang hi. Suhsiangthou veh i hih masangsiah, gilou kiselgu chu dinmun hahsa mun ah a kilangdoh diing hi.

Neu mahmah ahih vangin, thou eeh zong eeh ahi. Huchi mahbangin, sual ahihlouh vangin, a bukim Pathian mai a bukim sil zousiah gilou tobang ahi. Hujiahin 1 Thessalonikate 5:22 in "... gilou a kilang photmah apat kihemmang un."

Pathian chu lungsiatna ahi. A hitahin, Pathian thupiaahte chu 'lungsiatna' ah a kimatkhawm ve hi. Chihchu, lungsiat louh chu gilou leh daanbeina ahi. Hujiahin, thudihlou ah i kipaah ei chih etkhiaahna diingin, bangzah in lungsiatna i nei ei chih i ngaihtuah thei uhi. Pathian leh hagau dangte i lungsiatna chiangchiang ah, dihloutaha kipaahna i laluut sih diing uhi.

Huleh a thupiaah chu hikhu ahi. Eihaw'n a Tapa Jesu Khrist min i gintaat a, huleh thu ahung piaah banga khat-le-khat i kilungsiat diing uh ahi, chih (1 Johan 3:23).

Lungsiatnain a innveengte abawlse sih a; hujiahin lungsiatna chu daan juihkimna ahi (Romte 13:10).

Dihloutaha Gimthuaahna a Kipaahlou

Dihloutaha a gimthuaahna a kipaahlouhna diingin, bangteng sangin, sil gilou chu et ahihlouhleh ngaihkhiaah zong i ngaihkhiaah louh diing uh ahhi. I muh ahiai ahihlouhleh i za zenzen va ahihleh, i heetpha ahiai ahihlouhleh i ngaihtuah kiit louh diing uh ahi. I heetpha sawm louh diing uh ahi. A dihtahin, khatveivei i ngaihtuahna nasan zong i thunun thei sih maithei hi. Ngaihtuahna khat i ngaihtuah sawm louh leh naahpi in ahung kilang hi. Hizongleh haamteina toh gilou ngaihtuahna neih louh i hung sawm touhjel a ahihleh, Hagau Siangthou in ahung panpih diing hi. Tupmawng a sil gilou muh, za, ahihlouhleh ngaihtuahna i neih louh diing uh ahi, huleh a ban ah, tomkhat i lungsim a hung kilang zauh nasan zong i paihmang diing uh ahi.

Gilou natohna a i tel louh diing uh ahi. 2 Johan 1:10-11 in hichiin a chi hi, "Mi koipouh hi kihilhna thu keng loua na kawmva hung a um leh na innvah tungsah sih unla, kamphain zong ha sih un. Ajiahchu kampha-a hatu chu amah gitlouhna kikoppih ahi." Pathian in gilou peel diing leh pom lou diingin ahung thuhilh hi.

Mihingte'n a nulepate vapat in sual hihna a lasawn uhi. Hih khovel a i teen laiun, mite chu thudihlou tampi toh a kisukha uhi. Hih sual hihna leh thudihloute a kinga in, mikhat in a mimal mihihna ahihlouhleh 'mahni' a hung neidoh hi. Khristian hinkhua chu hih sual hihna leh thudihloute Lalpa i pom uh toh kiton paihdoh diing ahi. Hih sual hihna leh thudihlou paihmangna diingin, thuaahtheihna leh panlaahna nasatah a ngai hi. Hih khovel a hing i hihjiahun, thudih sangin thudihlou toh i kimeelheetzaw uhi. Thudihlou pom leh i sung a thun chu paihmang sangin a baihlamzaw hi. Etsahna diingin, puansilh ngou chu pentui vom toh suhnit a baihlam hi, hizongleh a niin suhsiang a huleh a veh a suhngou kiit a hahsa hi.

Huleh, gilou neucha bangin kilang mahleh, tomloukal in gilou lianpi ahung suaah thei hi. Galatiate 5:9 a, "Tol tawmtakhatin tanghou beupi ajeelsuaah hi" chia a soi bangin, gilou neukhat chu mihing tampi tung ah a kithedalh thei hi. Hujiahin, gilou neutakhat zong i pilvan mahmah diing uh ahi. Gilou ngaihtuah lou a um theihna diingin, ngaihtuah tuantuan lou a i huat diing uh ahi. Pathian in, "Nang uh LALPA lungsiatte, gilou hua un" (Psalm 97:10) chiin ahung hilh hi, huleh "LALPA lauh chu gilou huat ahi" (Thupilte 8:13) chiin ahung hilh hi.

Mikhat ngaitaha na lungsiat a ahihleh, hu mipa deihte na deih diinga huleh hu mipa deihlouhte na deih sih diing hi. A jiah diing na hawl a ngai sih hi. Pathian tate, Hagau Siangthou tangte'n, sual a bawl chiangun Hagau Siangthou amau a um chu A maau hi. Hujiahin, a lungtang vah gimthuaah kisahna a nei uhi. Huchiin a silbawlte uh Pathian in A hua chih ahung hedoh va, huleh sual bawl kiit nawn louh ahung sawm uhi. Gilou a kilang neutakhat zong paihmang leh gilou mawngmawng pom nawn louh chu a poimoh hi.

Pathian Thu leh Haamteina Pia in

Gilou hutobang sil phatuam lou ahi. Thupilte 22:8 in hichiin a chi hi, "Gilou chituh in bangmah hihlouhna a aat diing hi." Eimah ahihlouhleh i tate tung ah natna ahung tung maithei hi ahihlouhleh tuahsiatna i tuaah maithei hi. Zawnna leh inkuan buaina jiahin dahna ah i hing maithei uhi. Hih buaina zousiahte chu, bangteng hileh, gilou apat hung kipan ahi.

Heem in um sih un, Pathian chu chiamnuihbawl diing ahi sih; ajiahchu michih in a tuh bangbang, a aat diing hi (Galatiate 6:7).

A dihtahin, buaina chu i mitmuh in i mai ah ahung kilangpah sih diing hi. Hih toh kisai in, bangtanahakhat a gilou ahung kikhol chiangin, a khonung a i tate sukha buaina ahung tut thei hi. Khovel mite'n hibang daan a heetsiam louh jiahun, lampi tuamtuam ah sil gilou tampi a bawl uhi.

Etsahna diingin, amau tunga silgilou bawlte tunga phuba la chu ahi diing mawng in a ngaihtuah uhi. Hizongleh Thupilte 20:22 in hichiin a chi hi, "Gilou ka thuh diing' chi sin; LALPA ngaah in, huleh Ama'n ahung hundam diing hi."

Pathian in mihingte hinna, sihna, vangphatna huleh vangsiatna chu A dihtatna dungjuiin a thunun hi. Hujiahin, Pathian Thu dungjuia a hoih i bawl leh, hoihna gahte i aat diing uhi. Hichu Pawtdohbu 20:6 a hichia soi, "....ahung lungsiat a, ka thupiaahte jui saang tampite kawma khotuahna musah Pathian ka hi," banga thuchiam ahi.

Ei leh ei gilou apat kikepbitna diingin, gilou i huat uh a ngai hi. Hukhu tung ah, sil nih kiningchingtaha i don uh a um hi. Pathian Thu leh haamteina ahi. Pathian Thu a suun leh zaan a ngaihtuahna i neih chiangun, ngaihtuahna gilou i delhmang un, huleh hagaulam leh ngaihtuahna hoih i nei thei uhi. Bangtobang gamtatna chu lungsiatna dih a gamtat ahiai chih i hesiam thei diing uhi.

Huleh, huchia i haamtei laiun, Thu ah a thuuhzosem in ngaihtuahna i nei va, huchiin i thusoite leh natohte ah gilou um i hedoh thei uhi. Hagau Siangthou panpihna toh kuhkaltaha i haamtei va ahihleh, i thuzoh thei un huleh i lungtang vapat in gilou i paihmang thei uhi. Pathian Thu leh haamteina toh gilou chu kintaha i paihmang diing va huleh huchiin kipaahna a dim hinkhua in i hing thei diing uhi.

10. Lungsiatna Dihtatlouhna ah a Kipaah sih

Khotaang ahung khantouh semsem leh, mi dihtatte lohchinna diing hunlemchang a tam deuhdeuh hi. A lehlam ah, gam khangtoulouzo deuhte'n neehguuhna a neitam ut va, huleh sum toh bangkim phial a neih theih ahihlouhleh bawl theih hi. Neehguuhna chu gamte a diinga natna ahi a kichi hi, ajiahchu hikhu gam khantouhna a kisaikha hi. Neehguuhna leh dihtatlouhna in zong sautah mimal hinkhote a sukha hi. Mahni masial mite'n amau a diing chauh a ngaihtuah jiahun lungkimna dihtah a nei thei sih va huleh midang a lungsiat thei sih uhi.

Dihtatlouhna a kipaah lou leh dihloutaha thuaahna pom louh chu a kibangsim hi. 'Mikhat dihloutaha thuaahna kipaahpihlou' chu lungtang a gilou a kilang nei lou chihna ahi. 'Dihtatlouhna a kipaah lou' chu umdan, natoh ahihlouhleh nungchang zumhuai ahihlouhleh deihhuailou a kipaahlou chihna ahi, huleh hute a kihel lou chihna ahi.

Etsahna in mihausa lawm khat na thangsiat hi. A hauhsatna a kisahtheihpih hileh kilawm ahihjiahin amah na deih sih hi. Hichibang in zong na ngaihtuah hi, 'Amah chu a hausa mahmah huleh kei bangchi ka hiai? A sum ahung bei ka kinem hi.' Hikhu chu sil gilou ngaihtuahna ahi. Hizongleh nikhat, mikhat amah a heem a, huleh a company chu nikhat thu in sum bei in ahung um hi. Hitah ah, hichibang a ngaihtuah in, 'A hauhsat a kisahtheihpih a, a hoih ve!' chia na kipaah a ahihleh, dihtatlouhna a nuam ahihlouhleh thangpha na hi chihna ahi. Huban ah, hitobang natoh a na tell eh, dihtatlouhna a thanuamtaha kipaahna ahi.

A taangpi a dihtatlouhna, gingloute nasan in zong

dihtatlouhna a, a ngaih uh a um hi. Etsahna diingin, mi khenkhatte'n dihloutahin mihem in ahihlouhleh thagum midangte vaulaau in neihlehlam a kaikhawm uhi. Mikhat in gam khat kivaihawmna ahihlouhleh daante botsia amah lawhna diingin sil a pom hi. Ukil khat in golhguuhna sum a laah nunga thutanna dihlou a bawl a, huleh midih khat gawt a umleh, hikhu chu mi tengteng mitmuh a dihtatlouhna ahi. Hikhu a vaihawmtu hihna dawl a, a thuneihna zangkhial ahi.

Mikhat in silkhat a zuaah chiangin, a tehna ahilouhleh a hoihna ah midangte a heem maithei hi. A kilawm lou lawhna muhna diingin a van hoihlouzaw leh kimanzaw a zang maithei hi. Midangte ngaihtuah lou in tomkhat lawhna diing chauh a ngaihtuah uhi. A dihlou a he va, hizongleh midangte heem khawh a sa sih uhi ajiahchu dihtatlouhna sum ah a kipaah uhi. Dihloutaha muhna diing jiahin midang heem mi tampi a um hi. Hizongleh ei bang i chi viai? I siang uh i chi thei viai?

Etsahna in a nuai a bang siltung a um hi. Nang chu solkal nasem khat hi a, huleh sumkawlveina ah na lawm khat in dihloutahin sum tampi a mu hi chih na hung he hi. Mat a, a um leh, nasataha gawt ahi diing, huleh hih lawmpa in sum tampi na kawm hupna leh tomkhat na kiheetmohbawlna diingin ahung piaah hi. A khonung chiangleh a tamzaw ahung piaahbeh diing chiin a chi hi. Huleh na inkote'n thukin a nei va huleh sum tampi a poimoh uhi. Tuin bang na loh diai?

Dinmun dangkhat i suangtuah diing uh. Nikhat, na bank account na en hi, huleh na ngaihtuahna sanga tamzaw sum nana nei hi. Na siah diinga ana kipe diing khu ana kipe lou ahi chih na hung hedoh hi. Hitobang dinmun ah, bang na chi um diai?

Hikhu amau bawlkhelh ahi a nang mohpuaah ahi sih chia ngaihtuahna toh na kipaah ei?

2 Khangthu 19:7 in hichiin a chi hi, "Huchihjiahin tuin Lalpa launa chu na tungvah um hen; pilvaang unla, bawl un: ajiahchu Lalpa i Pathian u'ah gitlouhna aum sih a, mi deihsahtuamna leh golhguuhna zong aum sih hi, achi a." Pathian chu a dihtat hi; Ama'n dihtatlouhna himhim a nei sih hi. Mipite mitmuh apat in khuhkhum in i um maithei uhi, hizongleh Pathian i heem thei sih uhi. Hujiahin, Pathian lauhna mai toh, dihtatna toh lampi dih a i pai diing uh ahi.

Abraham tungtaang i en diing uh. A sanggampa tapa Sodam a gaal a mat ahih in, Abraham a sanggampa tapa chauh hilou in hizongleh a neih teng utoh kimankhawm mite zong a va hundoh kiit hi. Sodom kumpipa'n Abrahham a kipaahpih latsahna in ahung tawikiit sil khenkhatte a kawm ah piaah a sawm hi, hizongleh Abraham in a pom sih hi.

Huin Abram in Sodom kumpipa kawmah, "Vaan leh lei neitu, Pathian tungnung peen lamah ka khut ka jaahta a, Huchiin phinjang khat mah zong, keengtophah khau tanphain, nang sil photmah bangmah ka la sih diing, huchilouin chu, Abram ka suhhauhsat ahi, na chikha diing hi" (Siamchiilbu 14:22-23).

A zi Sarah a sih in, gam neiu in kivuina diing mun a piaah hi, hizongleh ama'n a pom sih hi. A man diing kilawm huntawh a piaah hi. Hichu gam toh kisai a maban a kinialna bangmah a um louhna diing jiah ahi. Ama'n a sil bawl a bawl hi ajiahchu amah mi thudih ahi; ama'n bangmah a muh guallouh ahihlouhleh dihloutaha lawhna muh a ut sih hi. Sum duh mi hileh amah lawhna diing juiin a um diing hi.

Pathian lungsiat a huleh Pathian in a lungsiatte'n gam daan botsia in amau lawhna diing hawl in koimah a sulungna un ahihlouhleh amah lawhna diing a hawl ngei sih uhi. Dihtattaha a natoh uh tungtawn a, a muh diing uh kalval bangmah a kineppih sih uhi. Dihtatlouhna a thangphate'n Pathian lungsiatna ahilouhleh a innveengte lungsiatna a nei sih uhi.

Pathian Mitmuha Dihtatlouhna

Lalpa a dihtatlouhna chu a taangpi a dihtatlouhna toh a kibang sih deuh hi. Hikhu chu daan bohsiat leh midangte tung siatna chauh ahi sih a, hizongleh Pathian Thu toh kikalh sualna khat pouhpouh ahi. Lungtang a gilou ahung kilatdoh chiangin, sual ahi, huleh hikhu chu dihtatlouhna ahi. Sualna tampite lah ah, dihtatlouhna in tahsalam natohte zousiah a kawh hi.

Chihchu, huatna, enna, thangsiatna, huleh lungtang gilou dangte chu gamtat kinialna, kidouna, hiamngamna, minsiatna, ahihlouhleh tualthahna ahung kilangdoh hi. Bible in dihtatlouhna i bawl leh, hutdam a um nasan zong a hahsa hi a chi hi.

1 Korinthete 6:9-10 in hichiin a chi hi, "Mi dihtatloute'n Pathian gam aluah sih diing uh chih na he sih viai mah? Heemin um sih un; kingaihhaatte aha, milembete aha, aangkawmte aha, mihuuhte aha, tohuuhte aha, Gutate aha, huaihamte aha, jukhamhaatte aha, mi salhhaatte aha, ahihlouhleh leepgute ahain Pathian gam aluah sih diing uhi."

Achan chu amah siatna tuttu dihtatlouhna ngaina mite laha khat ahi. Amah chu Pawtdohna khang nihna a mi ahi a huleh a naupan apat in a mite a diinga Pathian in a bawlsah silte a mu a huleh a za hi. Amaute suun a meipi ding leh zaan a meikuang ding a pui a mu hi. Jordan Lui tuikhang khawl leh Jericho khopi thakhatthu a chim zong a mu hi. Ama'n Jericho khopi apat koimah in bangmah la lou diinga hilhtu lamkaipu Joshua thupiaah zong hoihtahin a he hi, ajiahchu Pathian kawm a lat diing ahi.

Hizongleh Jericho khopi a um silte a muh phet in, duhamna jiahin a ngaihtuahna a mangsah hi. Gamdai a hun sawtpi gotaha a hin nung in, khopi silte chu a mitmuh in a kilawm thei mahmah hi. Puannaahtual kilawmtah leh sana them leh dangka kilawmtah a muh phet in, Pathian Thu leh Joshua thupiaah a manghilh a huleh amah a diingin a phual hi.

Hih Pathian thupiaah bohsia a Achan sualna jiahin, Israel in a gaaldouna vah guallelhna tampi a tuaah uhi. Hih guallelhna jalin Achan dihtatlouhna ahung kilangdoh hi, huleh amah leh a inkuangte chu suang a sehlup in a um uhi. Suang chu a kisevuum a huleh hih mun chu Achor phaizang a kichi hi.

Huleh, Kisimbu Bung 22-24 sung en in. Balaam chu Pathian toh kihou thei mi ahi. Nikhat, Balak, Moab kumpi in Israel mipi haamsiat diingin a hilh hi. Huchiin, Pathian in Balaam kawm ah, "Amaute toh chiah sin; mipite na va haamsiat sih diing ahi, ajiahchu amaute gualzawl a um ahi uhi" (Kisimbu 22:12).

Pathian Thu a za zoh in Balaam in Moabte kumpi ngetna a nial hi. Hizongleh kumpipa'n sana leh dangka leh gou tampi a thot chiangin, a lungsim ahung kihei hi. A tawp in, a mitte gou in a sumittaw a, huleh kumpipa kawm ah Israel mipi mai ah thaang ana kam diingin a hilh hi. A gahsuah bang ahiai? Israel tate'n milim kawm a kithoihna an a ne va huleh angkawm in a um va huchiin a tung va gimthuaahna a kitut va huleh Balaam chu a tawp in namsaau a thah in a um hi. Hichu dihloutaha lawhna diing deihna gah ahi.

Dihtatlouhna chu Pathian mitmuha hutdamna toh tangtaha kisukha ahi. Ginna a sanggamte khovel a gingloute tobang a dihloutaha gamta i muh leh, bang ahiai i bawl diing uh? Amau a diinga i dah diing va, i haamteisah diing va, huleh Thu dungjuia hing diinga i panpih diing uh ahi. Hizongleh gingtu khenkhatte hutobang mite chu a eng va, 'Kei zong amaute banga Khristian hinkhua baihlamzaw leh nuamzaw a hin ka ut hi,' chia ngaihtuah in. Huban ah, amau laha na tel leh, Lalpa na lungsiat i chi thei sih uhi.

Jesu, midih hi in, eite, midihloute, Pathian kawm a hung pui diingin A si hi (1 Peter 3:18). Hih Lalpa lungsiatna thupi i heetdoh uh chiangin, dihtatlouhna ah i nuam sih diing uhi. Dihtatlouhna a nuamna neiloute'n dihtatlouhna a nasep a pelh chauh uh hilou in, hizongleh Pathian Thu ah thanuamtahin a hing uhi. Huchiangleh, Lalpa lawm ahung hi thei va huleh hinkhua khangtoutah in a hing uhi (Johan 15:14).

11. Lungsiatna Thudihlou ah a Kipaah sih

Johan, Jesu nungjui sawmlehnihte laha khat, chu martarna apat hutdam in a um a, huleh mi tampi kawm a Jesu Khrist tanchinhoih thehdalh in upa a, a sih tandong in a hing hi. A kum nunung lam tandong a nuam a sah mahmah silkhat chu gingtute Pathian Thu, thudih, a hin sawm uh zaah ahi.

Hichiin a chi hi, "Ajiahchu unaute ahunga, thutaha na umdaan banga nangmaha thutah um ahung heetsah tahun ka kipaah mah mah hi. Ka tate thutah ah a um uh chih ka jaah saanga kipaahna lianjaw ka nei sih hi" (3 Johan 1:3-4).

A thusoi, "Ka kipaah mahmah' chih apat in bangchituha nuam ahiai chih i mu thei uhi. A khangdon laiin vanging tapa chih theih khop in a lungtom hi, hizongleh a kihen nung in, lungsiatna sawltaah chih in a um hi.

Pathian i lungsiat a ahihleh, dihtatlouhna i bawl sih diinga, huleh huban ah, thudih i jui diing uhi. Thudih ah i kipaah diing uhi. Thudih in Jesu Khrist, tanchinhoih huleh Bible a bu 66 tengteng a kawh hi. Pathian lungsiat leh Ama'n A lungsiatte chu Jesu Khrist leh tanchinhoih toh a nuam ngei diing uhi. Pathian lalgam keehlet ahihchiangin a nuam uhi. Tuin thudih a nuam kichi umzia bang ahiai?

Khatna ah, 'tanchinhoih' toh nuam ahi.

'Tanchinhoih' chu Jesu Khrist tungtawn a hutdam a i um leh vaan lalgam a chiah tanchin hoih ahi. Mi tampi in, 'Hinkhua siltup bang ahiai?' 'Hinkho luul kichi bang ahiai? chih dotnate dong in thudih a hawl uhi. Hih dotnate dawnna muhna diingin, ngaihdan leh philosophyte a sim uhi, ahihlouhleh sahkhua tuamtuam tungtawn in dawnna muh a sawm uhi. Hizongleh thudih chu Jesu Khrist, huleh koimah Jesu Khrist lou in Vaangam ah a luut sih hi. Hujiahin Jesu'n hichiin a chi hi, "Kei chu lampi, leh thudih, huleh hinna Ka hi; Keimah tawn lou in koimah Pa kawm a tung sih hi" (Johan 14:6).

Jesu Khrist pomna tungtawn in hutdamna i tang va huleh kumtuang hinna i tang uhi. Lalpa sisan tungtawn in i sualnate uh ngaihdam i hi va huleh Meidiil apat in Vaangam ah i luut uhi. Tuin hinkhua umzia i hesiam va huleh hinkhua luultah i hing uhi. Hujiahin, tanchinhoih toh i nuam uh chu sil hi diing mawng khat ahi. Tanchinhoih a nuamte'n midangte kawm ah zong a soi diing uhi. Pathian in A piaah mohpuaahna a subuching diing va huleh tanchinhoih thehdalhna diingin ginumtahin a na a tong diing uhi. Huleh, hagaute'n tanchinhoih a zaah chiang uleh Lalpa pom a hutdamna a muh chiangun a kipaah uhi. Pathian lalgam keehlet ahih chiangin a kipaah uhi. "[Pathian] in mi zousiah hutdam ahih diing uleh thudih ahung heet diing uh A deih hi" (1 Timothi 2:4).

Gingtu khenkhat, midang in mi tampi hutdamna a, a puiluut va huleh gah tampi a suang chiang va thangsiatna nei a um uhi. Kouhtuam khenkhatte kouhtuam dangte ahung khanlet va huleh Pathian a paahtawi chiang va thangsia a um hi. Hikhu chu thudih a kipaahna ahi sih hi. I lungtang va hagaulam lungsiatna i neih va ahihleh, Pathian lalgam nasataha sepdoh a um i muh chiangun i kipaah diing uhi. Kouhtuam khat hung khanglian leh Pathian in A lungsiat toh i kipaahkhawm diing uhi. Hikhu chu thudih, tanchinhoih toh kipaahna, a kipaahna ahi.

A nihna ah, thudih a kipaah kichi umzia chu thudih a um

silbangkim a kipaah chihna ahi.

Hichu thudih a um silte, hoihna, lungsiatna, leh dihtatna chihte mu a, za a, huleh bawl a kipaah chihna ahi. Thudih a kipaahte chu natoh hoih neutakhat a za uleh khoihkha leh mittui luang in a umpah uhi. Pathian Thu chu thudih ahi a huleh khuaiphaang a khuaizu sangin a humzaw chiin a phuangdoh uhi. Hujiahin, thusoi ngaihkhiaah leh Bible sim nuam a sa uhi. Huban ah, Pathian Thu juih nuam a sa uhi. Pathian Thu a tung va hahsatna tuttute nasan 'natohsah, hesiam, huleh ngaihdam' diinga hilhtu chu kipaahtahin a mang uhi.

David in Pathian a lungsiat a huleh Pathian Biaahinn bawl a ut hi. Hizongleh Pathian A phalsah sih hi. A jiah ahihleh 1 Khangthu 28:3 ah a kigial hi. "Ka min diingin inn na bawl sih diing ajiahchu nang chu galdoumi leh sisan tampi suah na hi." Hikhu a diingin sisan suah chu pelh theih louh ahi, ajiahchu kidouna tampi ah a tel hi, ahihvangin Pathian mitmuhin David chu hutobang na tong diinga kilawmlou a ngaih ahi.

David in amah in Biaahinn a bawl thei sih hi hizongleh inn bawlna diing van zousiah a kaikhawm a huchia a tapa Solomon in a bawl theihna diingin. David in a theihtawp in a vante a kaikhawm a, huleh hukhu a bawl maimai in zong amah a kipaahsah beehseeh hi. "Huin kiphaltaha apiaah jiahun mipite chu akipaah mahmah uh, ajiahchu lungtang bukimtahin Lalpa kawmah kiphaltahin apia uhi: huleh kumpipa David zong akipaah nasa mahmah mei hi" (1 Khangthu 29:9).

Huchi mahbangin, thudih a kipaahte chu mite a hihtheih chiangun a kipaah uhi. A thangse sih uhi. Amaute a diingin sil gilou, 'hupa ah siatna khat tung leh,' chihte ahihlouhleh midangte dahna jiaha thangphat chihte ngaihtuahna a neih chu lung a gelphaah ahi sih hi. Sildihlou khat a muh chiangun, a dah mahmah uhi. Huleh thudih a kipaahte'n hoihna toh, lungtang kiheng lou toh, huleh dihna leh ngilneihna toh a lungsiat thei uhi. Thu hoih leh natoh hoih ah a kipaah uhi. Pathian zong amaute tung ah nuamna aw toh Zephaniah 3:17 a kigial bangin, "Na lailunga Lalpa na Pathian mihaat ahi: ama'n ahung hundam diinga, na tungah nuamin a kipaah diing; a lungsiatna ah khawldamin hung bawl inchin, na tungah la sa kawmin a kipaah diing hi," A kipaah hi.

Hun chinteng a thudih a na kipaah theih louh zongleh, na lungkiat ahihlouhleh na dah louh diing ahi. Na theihtawp na suah leh, lungsiattu Pathian in hu tupna chu 'thudih a kipaahna' in ahung ngaihsah diing hi.

A thumna ah, thudih a kipaah chu Pathian Thu gintaat leh juih tupna ahi.

Mikhat a tuung apat a thudih chauh a kipaah muh a hahsa hi. Mial leh thudihlou eimah a i muh sung teng, sil gilou i ngaihtuah un ahihlouhleh thudihlou ah i kipaah maithei uhi. Hizongleh neukhat khat a i hung kihen a huleh lungtang dihlou zousiah i paihmang chiangin, thudih ah i kipaah thei diing uhi. Hukhu ahih masang, i hahpan diing uh ahi.

Etsahna diingin, mi koipouh biaahna kikhopna a kai a ut veh sih uhi. Gingtu thah ahihlouhleh ginna a haatloute toh kisai in, a gim maithei va, ahihlouhleh a lungtang uh khoitah ahakhat ah a um maithei hi. Baseball kimawlna koi gualzou chih bang ana ngaihtuah maithei uhi ahihlouhleh ziingchiang a sumhawlna toh kisai a kimuhkhawmna diing toh kisai in a lungsim a luah diing hi.

Hizongleh biaahinn a hung leh biaahna kikhopna silbawl chu

Pathian Thu man sawm siltup ahi. Hikhu chu thudih a kipaahna ahi. Bang jiaha hichibang a bawl sawm i hi viai? Hichu hutdamna muhna diing leh Vaangam luutna diing ahi. Thudih Thu i za va huleh Pathian i gintaat jiahun, thutanna, huleh Vaangam leh Meidiil a um chih zong i gingta uhi. Vaangam ah lawmman tuamtuam a um chih i heet jiahun, siangthouna diingin pan i hah laaah sem va huleh Pathian innsung a diingin ginumzosem in i tong uhi. 100% a thudih a kipaah sih mahlei, ginna buuhna a i theihtawp i suah va ahihleh, hichu thudih a kipaahna ahi.

Thudih a Diinga Gilkial leh Dangta

Thudih a kipaah ei a diinga ahi diing mawng ahih diing ahi. Thudih chauh in kumtuang hinna hung piaah in huleh ahung heng theih hi. Thudih, chihchu tanchinhoih, i za a, huleh i juih leh, Pathian ta dihtahte i hung hi diing uhi. Ajiahchu vaan lalgam diinga kinepna leh hagaulam lungsiatna a i dim jiahun, i mai uh chu nuamna in a taang diing hi. Huleh, thudih a i kihenna chiangchiang ah, Pathian in ahung lungsiat a huleh ahung gualzawl a, huleh mi tampi in ahung lungsiat jiahin i kipaah diing uhi.

Hun zousiah ah i kipaah diing uh ahi, huleh huban ah, thudih a diinga i gilkial va huleh i dangtaah diing uh ahi. Na gilkial a huleh na dangtaah leh, ann leh tui na lunggulh diing hi. Thudih i lunggulh chiangun, hah lung a i lunggulh va huchia thudih mi a i kihenpah theihna diingun. Thudih neeh leh dawn kichi bang ahiai? Pathian Thu thudih i lungtang va i kep va huleh i juih diing uh ahi.

I lungsiat mahmah mikhat mai a i din leh, i meel a kilatsahlouh chu a hahsa mahmah hi. Hichu Pathian i lungsiat chiang utoh a kibang hi. Tu leh tu in, Pathian toh kimaituah in i ding thei sih uhi, hizongleh Pathian i lungsiat tahtah va ahihleh, a polam ah a kilang diing hi. Huchu, thudih toh kisai bangahakhat i muh a huleh i za va ahihleh, i nuam un i kipaah diing uhi. I kipaah meel chu i kiim a mite heet louh diing ahi sih hi. Pathian leh Lalpa ngaihtuah maimai in zong kipaahna mittui a luang diinga, huleh i lungtang chu hoih neukhat bawl in zong khoih in a um hi.

Hoihna a um mittui, kipaahna mittui leh hagau dangte a diinga mittui chu a khonung chianga Vaangam a mikhat in cheina diing suangmantam kilawmtah ahung suaah hi. Thudih toh i kipaah diing uhi huchiin i hinkhua chu Pathian in ahung lungsiat hi chih chetna in a dim hi.

Hagaulam Lungsiatna Umziate II

6. A Kilawmlou in a Gamta sih

7. Amah a Diing Chauh a Ngaihtuah sih

8. A Lungthahbaih sih

9. Sil Gilou a Ngaihtuah sih

10. Dihtatlouhna ah a Kipaah sih

11. Thudihlou ah a Kipaah sih

12. Lungsiatna Sil Zousiah a Thuaahthei

Jesu i hung pom a huleh Pathian Thu dungjuia i hin sawm chiangin, i thuaahtheihna diing sil tampi a um hi. Lungthahbaihna diing dinmunte ah zong i thuaah theih diing uh ahi. I lungsim deihzawng juih utnate tung a mahni kideehna ah pan i laah diing uh ahi. Hujiahin lungsiatna umziate i soichet chiangin thuaahtheihna ah i pan uhi.

Thuahtheih kichi chu mikhat in amah leh amah a, a lungtang a thudihlou paihmangna diinga pan a laah a, a kisual toh kisai ahi. 'Silbangkim thuaah' kichi in umzia lianzaw a nei hi. Thuaahtheihna tungtawn a i lungtang va thudih i chituh va ahihleh, i lampi a midangte jiaha natna hung um thei diing zousiah i thuaah diing uh ahi. A diaahkhol in, hagaulam lungsiatna toh kituaah lou photmah thuaah diing chihna ahi.

Jesu chu misualte hundam diingin hih leitung ah A hung hi, huleh mite'n bangchiin ana bawl viai? Sil hoihte chauh a bawl hi, ahihvangin mite'n a chiamnuih, a kiheetmoh bawl va, huleh zahna bei A bawl uhi. A tawp in Amah a kilhbeh uhi. Jesu'n bangteng hileh hite zousiah mite apat in A thuaah a huleh amaute a diingin tawp lou in haamteina A laan hi. Amaute a diingin, "Pa, amaute ngaihdam in; a bawl uh a heet louh jiahun" (Luke 23:34).

Jesu'n silbangkim A thuaah leh mite A lungsiat chih gahsuah bang ahiai? Koipouh Jesu a Hundampa a pom photmah in hutdamna a tangtheita va huleh Pathian ta ahung hi uhi. Sihna apat zalensah leh kumtuang hinna lam ah khinphei ahi uhi.

Koreate thusoi in hichiin a chi hi, "Phin khat bawlna diinga heitang taatneu." Hih umzia chu thuaahtheihna leh dohzohna toh sil hahsatah zong a sepzoh theih hi. Phin hiamtah khat bawldohna diinga heitang khat taatneu in hun leh tha bangzah a la diai? Hichu sil hi thei lou ahi chiin mikhat in limdangsatahin, "Phin leina diinga a heitang zuaah mailou na hiai?" a chi maithei hi.

Hizongleh Pathian in thanuamtahin hutobang gimna a thuaah hi, ajiahchu Amah i hagau uh pu ahi. Pathian chu A lungthah baih sih a huleh hehpihna leh lungsiatna hung lah in ahung thuaah hamham hi ajiahchu Amah chu lungsiatna ahi. Mite chu a lungtang siih bang taah hizongleh Amah A tankim a huleh A nuhnal hi. Michih chu A ta dihtah ahung hihna diingun A ngaah hi, hutobang ahung hihna diing uh kinephuai sih mahleh.

A Gualjou diinga vaihawmna dih ahung tut masiah sialluang gawpsa asutan sih diinga, pat khu zong a sumit sih diing (Matthai 12:20).

Tuni nasan in Pathian in mite gamtatna muhna apat a hungkuandoh nasahnate thuaah in huleh eite hung ngaah in lungnuamtahin a um hi. Mite tung ah A zahngai a, kum a sang a sim gilou bawl in ana umta mahleh uh hoihna in ana ngaah zing hi. Pathian nungngatsan in milimte be mahleh uhi, Pathian in amaute kawm ah Pathian dihtah ahihna A sulang a huleh ginna toh A thuaah hi. Pathian in, "Nang chu dihtatlouhna a dim leh panpih theih louh na hi. Nang Ka hung ngaah thei nawn sih," hung chi leh, mihing bangzah hutdam ahi diviai?

Jeremiah 31:3 a, "Lalpa chu malaipehin ka kawmah akilaah a, Ahi, kumtuang lungsiatnain ka hung lungsiat a, hujiahin lainatnain ka hung kaaita ahi," chia kisoi bangin, Pathian in hih lungsiatna kumtawn daih leh, tawplou toh ahung lungsiat hi.

Biaahinn lianpi khat a pastor na sem in, bangtanahakhat ah Pathian thuaahtheihna ka hesiam thei hi. Mi giitlouhna ahihlouhleh hoihlouhna nei tampi a um hi, hizongleh Pathian lungtang phawh in nikhat chianga ahung kihen va huleh Pathian a paahtawi uh kinem in ginna mit toh ka en zingzing hi. A tung va ka thuaahtheih touh jel jiahin leh ginna nei in, kouhtuam membar tampi lamkai hoih ahung hitou uhi.

A hun tengin, amaute tung zahngaih diing ahihlam ka manghilhkha jel hi, huleh hichu tomkhat zoh in ka phawhdoh jel hi. 2 Peter 3:8 ah hichiin a kigial hi, "Hizongleh, deihtahte, hi sil khat helouin um sih un, Lalpa ngaihin ni khat chu kum saang khat bang ahia, huleh kum saang khat zong ni khat bang ahi," huleh hih chang in a soi ka hesiam hi. Pathian in huchituha sawt sil zousiah ana thuaah a huleh a huchih vangin hun tomchakhat bangin A gel hi. Hih Pathian lungsiatna hedoh ni in huleh hikhu toh i kiim a michih i lungsiat diing uhi.

13. Lungsiatna Sil Zousiah a Gingta

Mikhat na lungsiat tahtah leh, hu mipa a photmah na gingta diing hi. Hu mipa'n dihlouhna nei zongleh, hu mipa na gintaat sawm thouthou diing hi. Pasal leh zi chu lungsiatna in a kaankhawm hi. Nupa in kilungsiatna a neih louh va ahihleh, a kimuangtuah sih uh chihna ahi a, huchiin sil chinteng ah a kinial va huleh a zi/pasal tungtaang bangkim a kigingmohtuah veh uhi. A khawhzosem dinmun ah kimuanmohna a nei va huleh khat leh khat tahsalam leh lungsimlam ah kisunatuah uhi. A kilungsiattuah tahtah va ahihleh a kimuangtuah veh uhi, huleh a zi/pasal chu mi hoih ahi chiin a kibawlhoihtuah diing uhi. Huchiangleh, a gintaat dungjuiin, a zi/pasalte chu a hihna mun va ahung hoih diing va ahihlouhleh a silbawl vah a lohching diing uhi.

Muanna leh ginna chu lungsiatna haatna buuhna diing tehna ahi thei hi. Hujiahin, Pathian a gintaat veh chu Amah lungsiat veh chihna ahi. Abraham, ginna pa, chu Pathian lawm chih in a um hi. Huphulhna um lou keei in Abraham in Pathian thupiaah a tapa neihsun Isak laan diing hilh chu a manghi. Ama'n Pathian a bukim a, a gingtaat jiaha huchia bawl thei ahi. Pathian in hih Abraham ginna a mu a huleh a lungsiatna A heetpih hi.

Lungsiatna chu gintaatna ahi. Pathian a bukim a lungsiatte'n a bukim Amah a lungsiat diing uhi. Pathian thute chu 100% in a gingta uhi. Huleh sil zousiah a gintaat jiahun, sil zousiah a thuaahthei uhi. Chihchu, Pathian thusoite i gintaat veh chiangun, sil zousiah ah i kinem thei va huleh lungsiatna kalh a um silbangkim i lungtang vapat in i paihmang thei uhi.

A dihtahin, a khauhzodeuh in, Pathian chu a tuung apat a i lungsiat jiah uh ahi sih hi. Pathian in ahung lungsiat masa a, huleh huh thudih gingta in, Pathian i hung lungsiat uhi. Pathian in bangchidan a hung lungsiat ahiai? Ama'n A tapa neihsu phaltahin eite, misualte a diingin, i hutdamna lampi uh honna diingin, ahung pedoh hi.

A masapen in, hih thudih gingta in Pathian i hung lungsiat va, hizongleh hagaulam lungsiatna a bukim a i chituh chiangun, i lungsiat jiah va gintaatna bukim dan chiang i tungtou uhi. A bukim a hagaulam lungsiatna chituh kichi umzia chu lungtang a thudihlou um zousiah paihmang chihna ahhi. I lungtang a thudihlou i neih louh va ahihleh, tunglam apat in hagaulam ginna i nei diing va, hukhu toh i lungtang thuuhpen vapat in gingta thei diing uhi. Huchiangleh, Pathian Thu i ginglel thei sih diing va, huleh Pathian a i muanna a kiliing ngei sih diing hi. Huleh, hagaulam lungsiatna bukim i chituh va ahihleh, mi chinteng i gingta diing uhi. Mite gintaattheih ahih jiah uh hilou in, hizongleh giitlouhna toh kidim ahih uleh huleh dihlouhna tampi a neih laiun zong, ginna mit toh i en uhi.

Mi chih gintaat diing i ut diing uh ahi. Eimah leh eimah zong i kigintaat diing uh ahi. Dihtatlouhna tampi nei mahlei, Pathian ahung kihengsah diing i gintaat va huleh i kihengpah diing chia ginna mit toh eimah leh eimah i kiet diing uh ahi. Hagau Siangthou in i lungtang vah, "Na bawl thei hi. Ka hung panpih diing," A chi zing hi. Hih lungsiatna na gintaat a huleh, "Ka bawl thei hi, ka kiheng thei," na chih leh, Pathian in na kiphuan dungjui leh na ginna dungjuiin a hung suhbuchingsah diing hi. Gintaat chu bangchituha kilawm ahitai!

Pathian in eite zong ahung gingta hi. Eimah michih in Pathian lungsiatna i hung heet uleh hutdamna lampi a i hung pai uh A gingta hi. Ginna mitt oh ahung et jiahin A Tapa neihsun Jesu, kross ah phaltahin ahung pedoh hi. Pathian in Lalpa he lou leh gingta loute nasan zong hutdam leh Pathian lam a hung zuan diingin a gingta hi. Lalpa ana pomsate chu Pathian dungsuun mahmah tate in ahung kiheng diing uh chih a gingta hi. Hih Pathian lungsiatna toh mi koipouh i gingtaat diing uh ahi.

14. Lungsiatna Sil Zousiah a Kineppih

A nuai a thute chu UK a Westminster Abbey a haansuang khat a kigial a kichi hi, "Ka khangdawn laiin khovel hen ka sawm a hizongleh ahi thei sih. Ka hinkhua kimkhat vel in ka innkuante hen ka sam a hizongleh ahi thei sih. Ka sih kuan in kei kiheng leng ka hu silte zousiah ka heng diing chih ka hedoh hi."

A taangpi in, mikhat toh kisai silkhat a deih louh va ahihleh hen a sawm uhi. Hizongleh midang hen chu a hi thei sih hi. Nupa khenkhat bang houh ha nawtna lou a tolam apat ahihlouhleh a lulam apat meeh diing thu maimai ah zong a kinial thei uhi. Midang i hen sawm ma un ei i kihen masat diing uh ahi. Huleh amaute lungsiatna toh, midangte hung kihen diing i ngaah thei uhi, ahung kiheng ngei diing uh chih kinepna kawm in.

Sil zousiah a kinem chih chu hung taangtung diinga gintaat sil zousiah ngaahlah leh ngaahzohna ahi. Pathian i lungsiat va ahihleh, Pathian Thu chinteng i gingta diing va huleh A Thu dungjuiin sil zousiah a kibawl diing chih i kinem diing uhi. Pa Pathian toh vaan lalgam a kilawmtaha kumtuang lungsiatna na kikop ni diingte uh na kinem hi. Hujiahin na ginna kitaidemna ah sil zousiah na thuaahzou hi. Hizongleh, kinepna um lou hileh bang a chi diai?

Pathian a gingta loute'n vaan lalgam kinepna a nei thei sih uhi. Hujiahin a utna uh dungjuiin a hing mai uhi, ajiahchu maban a sil hung tung diing kinepna a nei sih uhi. Sil tamzosem neih a tum va huleh a duhamna uh suhbuching a sawm uhi. Hizongleh bangzah nei in huleh bangchituhin nuamsa in um zongleh uh, lungkimna tahtah a nei a mu thei sih uhi. Maban a sil hung tung diing lauhthawngna in hinkhua a zang uhi.

Alehlam ah, Pathian a gingtate'n sil zousiah ah kinepna a nei va, huchiin kotzing neuzaw a jui uhi. Bang diing kotzing neuzaw chi i hi viai? Hih umzia chu Pathian a gingtaloute mitmuh in a neu hi. Jesu Khrist i hung pom va huleh Pathian tate i hung hih chiangun, biaahna kikhopna a tel in Pathianni chiangin suun nitum in biaahinn ah, khoveldan bangmah lungnopna nei lou keei in, i um uhi. Pathian lalgam a diingin phatuamngaihna nate tong i um va huleh Pathian Thu dungjuia hing diingin i haamtei uhi. Hutobang silte chu ginna tel lou a bawl a hahsa a, huleh hujiahin a kotzing neuzaw i chi uhi.

1 Korinthete 15:19 ah sawltaah Paul in hichiin a chi hi, "Tu damsung chauha Khrist-a kinepna i neih inchu, mi zousiah laha mi lungsiathuaipeen i hi diing hi." Tahsalam dinmun apat et in, thuahzohna leh natohna hahkatna hinkhua chu gimhuai bangin a kilang hi. Hizongleh sil zousiah i kinep va ahihleh, hih lampi chu lampi dang sanga kipaahhuaizaw ahi. I lungsiat mahmahte toh i umkhawm va ahihleh, inn setah ah zong nuam i sa diing uhi. Huleh Vaangam a Lalpa deihtah toh kumtuang a umkhawm diing chih ngaihtuah maimai in, bangchituhin i kipaahta diviai! I ngaihtuah maimai un zong i nuam un i kipaah uhi. Hichibangin, lungsiatna dihtah toh liing lou keei a ngaah leh kinem in i gintaat zousiah ahung taangtun masang i um uhi.

Ginna toh silbangkim ana lamet chu silbawltheitah ahi. etsahna diingin, na tate laha khat thumang lou huleh lehkha sim lou in a um hi. Hih naupang nasan zong, na gingtaat a huleh na bawl thei hi na chih a, huleh a hung kiheng diing chia kinepna mitt oh na et leh, bangchih laipouhin naupang hoih ahung hi thei hi. Nulepate'n tate tunga ginna a neih uh in naupangte ah kibawlhoihna leh mahi-kimuanzohna a tohthou thei hi. Hutobang naupang mahni-kimuanna neite'n ginna a nei va huchiin bangteng a bawl thei uhi; hahsatna tung ah a gualzou diinga, huleh hutobag lungput in a lehkhasimna vah soi a nei hi.

    Hichu biaahinn a hagaute i etkol chiang uh toh a kibang hi. Dinmun khat pouhpouh ah, mikhat toh kisai thukhenna i neih pahpah diing uh ahi sih hi. 'Hu mipa a diingin kihen hahsa mahmah inteh,' ahihlouhleh 'amahnu chu a ngeingei ahi,' chih ngaihtuah in i lungke diing uh ahi sih hi. Mi koipouh kinepna mit toh ahung kiheng diing va huleh Pathian lungsiatna in a sunem diing chih kinepna toh i et diing uh ahi. Amaute a diinga i haamteisah va "Na bawl thei hi!" chia i hasot va huleh i gintaat diing uhi.

15. Lungsiatna Sil Zousiah a Thuaah Mualsuaah

1 Korinthete 13:7 in hichiin a chi, "[Lungsiatna] Sil zousiah puaahdaan asiam a, sil zousiah agingta a, sil zousiah alamen a, sil zousiah athuaah mualsuaah hi." Na lungsiat leh sil zousiah na thuaahzou diing hi. Huchi ahihleh, 'thuaahzou' kichi bang ahiai? Lungsiatna toh kituaahlou a sil zousiah na thuaahzoh chiangin, hukhu apat in silkhat ahung pawtdoh a um diing hi. Diil ahihlouhleh tuipi a huih a nun chiangin, tui kifawn a um diing hi. Huih a daih nung nasan in zong, tui kihawt neukhat a um nalai diing hi. Silbangkim i thuaah uh zongleh, i thuaah vaangun a bei ngal sih diing hi. A khonung a sil hung piangdoh bangahakhat a um diing hi.

Etsahna diingin, Jesu'n Matthai 5:39 ah hichiin a chi hi, "Hizongleh kenchu na kawmvah ka soi ahi, Migilou thuh sih un; Hizongleh koipouhin na ngeiphe jiatlam abeh leh alehlam zong doh jaw in." A kisoisa bangin, na biang ziatlam mikhat in ahung betsah leh, na thuh kiit diing ahi sih a, hizongleh na thuaah maimai diing hi. Huchi ahihleh, a bawn a bei veh ahi diai? A khonung guuh a um diing hi. Na na sa diing hi. Na biang a na diing a, hizongleh lungtang a na chu a nazaw diing hi. A dihtahin, mite'n a lungtang va na a thuaah uh jiah tuamtuam a umhi. Mi khenkhatte'n a jiah bei a bet a um ahi uh chiin a lungtang vah na a sa va huleh hukhu jiahin a lungthah uhi. Hizongleh mi khenkhat midang a suhlungthah khaah jiah va kisuanglah in a lungtang vah na a thuaah uhi. Mi khenkhatte a sanggampa a lungthahna kideeh theilou a muh chiangun nuammoh a sa va, hizongleh a hoihzaw leh kilawmzaw a um sangin a khut uh a ha uhi.

Silkhat thuaahna guuh chu a polam a siltung ah zong ahung kilang hi. Etsahna diingin, mikhat in na biang ziatlam ah ahung beeng hi. Huchiin Thu dungjuiin a langkhat na doh hi. Huchiin, na veilam biang ah ahung beeng hi. Thu jui in na thuaah hi, hizongleh ahung khawh deuhdeuh a huleh a tahtahin a khawh semsem hi.

Hikhu chu Daniel dinmun ahi. Humpi kul a khiat a um diing ahi chih he kawmkawm in a kituluut ut tuan sih hi. Pathian a lungsiat jiahin, sih theihna dinmun ah zong tawp lou in a haamtei thouthou hi. Huleh, amah thah sawmte tung ah zong sil gilou a bawl sih hi. Hujiahin, Pathian Thu dungjuia silbangkim a thuaah jiahin amah a diingin bangkim a hoihlam ah a kiheng ei? Ih. Amah chu humpi kul ah paihluut in a um hi!

Lungsiatna toh kituaah lou silte i thuaah a ahihleh etkhiaahna zousiah a paimang diingin i ngaihtuah maithei uhi. Huchi ahihleh, sawina in a juih nalai lai khu bang jiah ahi diai? Hikhu chu Pathian in bukim a ahung siam a huleh gualzawlna limdangtah ahung piaahna diing jiah ahi. Lou in guah, huih, leh nisa a thuaahna tungtawn in gah laah diing chidam leh tampi a suang hi. Pathian silphatuam hung bawlsah chu sawina tungtawn a ta dihtahte i hung suaahna diing uh ahi.

Sawina chu Gualzawlna ahi

Meelmapa dawimangpa leh Setan in Pathian tate hinkhua Vaah a, a hin sawm chiangun a subuai hi. Setan in mite ngoh theihna diing a hithei zousiah muhdoh a sawm gige a, huleh demna neukhat a latsah va ahihleh, Setan in a ngoh paingal hi.

Etsahna khat chu mikhat na tung a, a giitlouh chiangin a polamah na thuaahzou a, hizongleh a sunglam ah lungsim hoihlou na pain alai hi. Meelmapa dawimangpa leh Setan in hikhu a he a huleh hutobang lungsim jiahin ngohna ahung bawl hi. Huchiangleh, Pathian in ngohnate dungjuiin sawina A phalsah hi. Lungtang a gilou neilou i hi chih i phawh masangsiah, etkhiahna, 'suhchiimna sawina' kichi a um diing hi. A dihtahin, sualna zousiah i paihmang zoh a huleh suhsiangthou veh i hih masangsiah, sawina a um thei hi. Hitobang sawina chu gualzawlna tamzaw ahung piaahna diinga phalsah ahi. Hikhu tungtawn in, gilou nei lou dinmun ah i umden sih va hizongleh lungsiatna thupizaw leh hoihna bukimzaw demna ahihlouhleh soiseelna bangtobang hileh nei lou a umna i chituh diing uhi.

Hikhu chu mimal gualzawlna diing chauh ahi sih hi; Pathian lalgam i sepdoh tum chiangin hitobang daan mah a kijui hi. Pathian in natoh thupizaw A latsahna diingin, dihtatna pathap a buuhna chu i suhbuching a ngai hi. Ginna thupitah leh lungsiatna natohte langsahin, dawnna muhna diing beel i nei uh chih i chet uh a ngai hi, huchiin meelmapa dawimangpa'n ahung nang sih hi.

Hujiahin, khatveivei Pathian in etkhiahna ahung phalsah hi. Hoihna leh lungsiatna i thuaahzoh va ahihleh, Pathian in Amah paahtawina chu gualzohna thupizaw in ahung pesah hi huleh lawmman thupizaw ahung piaah hi. A diaahin, gimthuaahna leh hahsatna Lalpa jala na muhte na thuaahzoh leh, gualzawlna thupi na mu ngeingei diing hi. Mi'n keimah jiah-a ahung housiat va, ahung soihva, juaua gilou chintenga ahung heeh hun chiangun na hampha uhi. Nuam unla, nasatahin kipaah un; vaan ah na kipaahman diing uh atam mahmah ngaala; na mava zawlnei umte zong hitobangin ana sawi veu uhi (Matthai 5:11-12).

Sil Zousiah Thuaah, Gintaat, Kineppih, leh Thuaahzohna

Lungsiatna toh sil zousiah na gingtaat a huleh sil zousiah na kineppih leh, sawina photmah na thuaah mualsuaah zou diing hi. Huchi ahihleh, sil zousiah bangchi gintaat, kinep, huleh thuaahzoh diing ahi diai?

Khatna, a tawp tandong, sawina i tuaah lai nasan a Pathian lungsiatna i gintaat diing uh ahi.

1 Peter 1:7 in hichiin a chi hi, "...Na ginna etkhiaahna u'chu, sana meia etkhiaah ahih nunga zong mangthang jeel saanga luul jaw, Jesu Khrist hung kilaahni chianga paahtawina leh, jahbawlna leh, loupina a muha aum theihna diingin." Hih leitung i damsung va phatna leh paahtawina leh zahna i zou theihna diing uh chitna i neihna diing un ahung susiang hi.

Huleh, Pathian Thu dungjuia i hin veh va khovel toh kithumun khat a i um louh va ahihleh, dihloutaha thuaahna i tuaahna diing uh dinmun i phukha maithei uhi. A huchih teng in, Pathian lungsiatna tuambiih i tang chih i gintaat diing uh ahi. Huchiangleh, lungkiat naah sangin, Pathian Vaangam a tenna mun hoihzaw ah ahung pui jiahin i kipaah diing va, huleh a tawp tandong i gintaat diing uh ahi. Ginna sawina ah na thuaahna khenkhat a um maithei hi.

Na thuaahna ahung khawh a huleh sawtpi a paitouh leh, "Pathian in bangda hung panpih lou ahiai? Hung lungsiat nawn lou amaw?" chiin i ngaihtuah maithei uhi. Hizongleh hichibang hunte ah, Pathian lungsiatna chu a chiangzosem a i phawhdoh va huleh sawina i thuaahzoh diing uh ahi. Pa Pathian in ahung lungsiat jiaha vaangam a tenna mun hoihzaw a hung pui nuam ahi chih i gintaat diing uh ahi. A tawp tandong i thuaahzoh va ahihleh, a tawp chiangin Pathian ta bukimte i hung suaah diing uhi. "Hizongleh, bangmah tasam loua, na pumva na bukim theihna diingun kuhkalnain tong bukim heh" (Jakob 1:4).

A nihna ah, sil zousiah i thuaahzohna diingun sawina chu i kinepna taangtunna diinga a pumpelhna lampi ahi chih i gintaat diing uh ahi.

Romte 5:3-4 in hichiin a chi hi, "Huleh hu chauh zong hilouin, gimthuaahnain kuhkalna asiam chih hein gimthuaahna ah zong i kipaah uhi. Huleh kuhkalnain heetchianna asiama, heetchiannain kinepna asiam a." Hitaha gimthuaahna chu i kinepna sepdohna diinga lampi pumpelhna ahi. "Oh, bangchih chiangin ka kiheng diai" chih bangin na ngaihtuah maithei hi hizongleh na thuaahzoh a na kiheng zingzing a ahihleh, huchiin awlawl in Amah suun in Pathian ta dih leh bukim na hung hi khong diing hi.

Hujiahin, sawina ahung um chiangin, na pelh louh diingin hizongleh na theihtawp suah a na zoh sawm diing ahi. A dihtahin, mihingte a diingin a baihlampen juih chu pianken ngeina a paidan ahi. Hizongleh sawina apat a na kihepmang sawm a ahihleh, i khualzinna lampi chu a sauzosem diing hi. Etsahna diingin, mikhat hun tenga huleh sil chinteng a na tung buaina bawl a um hi. A polam ah chiangtahin na kilangsah hi, hizongleh hu mipa na muh tengin nuammohsahna na nei gige hi. Hujiahin, amah na pelh sawm mai hi. Hitobang dinmun ah, a dinmun na kiheetmohbawl sawm louh diing ahi a, hizongleh thanuamna toh na zoh diing ahi. Nang a hahsatna um toh na thuaahzoh diing ahi a, huleh hu mipa heetsiamna diing leh ngaihdamna diing lungtang na chituh diing ahi. Huchiangleh, Pathian in khotuahna ahung pe diinga na kiheng diing hi. Huchi mahbangin, sawina chinteng chu nang a diingin na keeng ngahna suang leh na kinepna suhbuchingna diinga pumpelhna lampi ahung suaah diing hi.

Thumna ah, sil zousiah thuaahzoh kichi chu, a hoih chuah i bawl diing uh ahi.

A khonung guuh i thuaah chiangun, Pathian Thu dungjuia sil bangkim i thuaahzoh nung chiang nasan un, mite Pathian tung ah a phun uhi. "Thu dungjuia gamtat nung a zong bang diinga a dinmun kiheng lou ahiai?" chiin a phun jel uhi. Ginna sawina photmah chu meelmapa dawimangpa leh Setan in ahung umsah ahi. Chihchu, etkhiaahna leh sawina chu hoih leh gilou kidouna ahi.

Hih hagaulam kidouna a gualzohna diingin, hagaulam lalgam daante dungjuia i dou diing uh ahi. Hagaulam lalgam daan chu a tawpna a hoihna in a zoh ahi. Romte 12:21 in hichiin a chi hi, "Gilou zoh in um sih un, hizongleh gilou chu hoihna in zou un." Hitobang a hoihna a i gamtat leh, guallelhna tang bangin i kilang va huleh hu laitahin i guallel uhi, hizongleh a dihtahin, a lehlam ana hi. Hikhu jiah chu Pathian dih leh hoih in mihingte vangphatna, vangsiatna, leh hinna leh sihna a thunun veh hi. Hujiahin, etkhiaahna, sawina, leh gimthuaahna i tuaah chiangun, hoihna chauh a i gamtat diing uh ahi.

Dinmun khenkhat ah gingtu khenkhat a inkuanpih gingtuloute apat a gimthuaahna tang a um uhi. Hutobang dinmun ah, gingtute'n, "Ka pasal bangda hichi giitlouh ahiai? Ka zi bangda hichi giitlouh ahiai?" chiin a ngaihtuah uhi. Hizongleh huchi in zong, etkhiaahna chu ahung lian sem in ahung sawt semsem hi. Hitobang dinmun ah bang ahiai hoihna? Lungsiatna a na haamtei a huleh Lalpa ah amaute na na tohsah diing ahi. Na inkote tung a taang vaah na hung hih diing ahi.

Amaute tung a, a hoih na bawl leh, Pathian in a huntahin Amah natoh diing A tong diing hi. Meelmapa dawimangpa leh Setan A delhmang diinga huleh na inkuanpihte lungtang zong A khoih diing hi. Pathian daan dungjuia hoihna a na gamtat a ahihleh buaina zousiah suhveng ahi diing hi. Hagaulam kidouna a galvan silbawltheipen chu mihingte silbawltheihna ahihlouhleh pilna ahi sih a hizongleh Pathian hoihna ahi. Hujiahin, hoihna chauh a i thuaahzoh va huleh sil hoihte i bawl diing uh ahi.

Na kiim ah kithuah hahsa mahmah leh thuaah hah mahmah a na ngaihtuah koiahakhat a um ei? Mi khenkhatte'n hun tengin sil a bawlkhial gige va, midangte tung ah siatna leh hahsatna a tut uhi. Mi khenkhatte'n a naah soisiat va huleh sil neukhat nasan ah a lungliap pahpah uhi. Hizongleh nangmah a lungsiatna dihtah na chituh leh, na thuaah theih louh diing koimah a um sih diing hi. Hikhu jiah chu nangmah bangin midangte na lungsiat dinga, Jesu'n noumau na kilungsiat bangun na innveengte uh lungsiat un A chih mahbangin (Matthai 22:39).

Pa Pthian in zong eite ahung hesiam a huleh hitobang in eite ahung thuaahzou hi. Hih lungsiatna nangmah a na chituh masangsiah, nang chu tuikep bangin na hing diing hi. Sil dang sehnel, tuipi hampa, ahihleh a hawng neng a kep leh a pumpi kikal a ahung luut chiangin, tuikep chu tuikepsuang manphatah ahung suaah hi! Hichibangin, hagaulam lungsiatna i chituh chiangin, suangmantam kotkhaah ah i luut diing va huleh Jerusalem Thah Pathian laltouphah umna ah i luut diing uhi.

Suangmantam kotkhaah na luut a huleh hih leitung a na hun paisa na phawhdoh hun diing ngaihtuah in. Pa Pathian kawm ah, "Kei a diinga hih silte zousiah nana thuaah, gintaat, kinep, leh thuaahzoh jiahin ka kipaah hi," chiin i phuangdoh thei diing hi, ajiahchu Ama'n i lungtangte uh chu suangmantam banga kilawmtahin ahung bawlsah hi.

Hagaulam Lungsiatna Umziate III	12. Sil Zousiah a Thuaahthei
	13. Sil Zousiah a Gingta
	14. Sil Zousiah a Lamen
	15. Sil Zousiah a Thuaah Mualsuaah

Lungsiatna Bukim

"Lungsiatna chu bangchihmahin abei sih diing; hizongleh thusoitheihnate um mah zong leh ahung bei diinga; haam heetlouhte um mah leh ahung tawp diinga; heetnate um mah leh ahung mang diing hi. Ajiahchu akimlouin i he a, akimlouin i soi uhi. Hizongleh abukim ahung tun chiangin akimlou chu suhbei ahita diing hi. Ka naupan laiin naupang haamin ka haama, naupang heetin ka he a, naupang ngaihtuahin ka ngaihtuah hi; hizongleh ka hung pichin phetin chu naupanlai silte ka paaita hi. Ajiahchu tuin limlanga et bangin chianloutahin i mu a; hizongleh hu hun chiangin chu kimaaituahin imuta diing hi; tuin chu akimlouin ka he a, hizongleh hu hun chiangin chu kei hung kiheet bangin ka he ta diing hi. Huleh tuin ginna toh, kinepna toh, lungsiatna hiteng thum aum jing hi; hizongleh hiteng laha lianpeen chu lungsiatna ahi."

1 Korinthete 13:8-13

Vaangam na luut chiangin, silkhat tawi thei hilechin, bang na tawi diai? Sana? Suangmantam? Sum? Hi silte zousiah chu Vaangam ah a phatuam sih hi. Vaangam ah, na lampi paina diing chu sana siang ahi. Pa Pathian in vaangam tenna mun ana bawl chu a kilawm in a manpha mahmah hi. Pathian in i lungtang uh a hesiam a huleh a A panlaahna toh sil hoih penpen ana guanggalh hi. Hizongleh hih leitung apat i ken theih uh silkhat a um hi, huleh huchu Vaangam ah a manpha mahmah diing hi. Hichu lungsiatna ahi. Hichu hih khovel a i dam laia i lungtang a i chituh lungsiatna ahi.

Lungsiatna chu Vaangam ah Zong A Poimoh

Mihing chituhna a bei chianga huleh vaan lalgam a i luut chiangin, hih leitung a sil zousiah a mang diing hi (Thupuandoh 21:1). Psalm 103:15 in hichiin a chi hi, "Mihing a diingin, a nite chu hampa bang ahi; loulai a paahte bangin, a palhkhia hi." Muhtheihlouh silte hauhsatna, minthanna, huleh thuneihnate zong a mang diing hi. Sualna leh mialna zousiah huatna, kinialna, enna, huleh thangsiatna a mang diing hi.

Hizongleh 1 Korinthete 13:8-10 in hichiin a chi hi, "Lungsiatna chu bangchihmahin abci sih diing; hizongleh thusoitheihnate um mah zong leh ahung bei diinga; haam heetlouhte um mah leh ahung tawp diinga; heetnate um mah leh ahung mang diing hi. Ajiahchu akimlouin i he a, akimlouin i soi uhi. Hizongleh abukim ahung tun chiangin akimlou chu suhbei ahita diing hi."

Soilawhtheihna, haamte, huleh Pathian a heetna chu a bawn in hagaulam silte ahi a, hujiahin bang diinga bei diing ahiai?

Vaangam chu hagaulam lalgam ahi a huleh mun bukim ahi. Vaangam ah, silbangkim chiangtahin i hung he diing uhi. Pathian toh chiangtaha i kihou va huleh i soilaw vangun, maban a vaan lalgam silbangkim i heetsiam diing utoh a kibang het sih diing hi. Huchiangleh, Pa Pathian leh Lalpa lungtang chiangtahin i hesiam diing va huleh soilawhna chu ngai nawn sih diing hi.

Haam tuam a haam toh zong a kibang hi. Hitah ah, 'haam tuamte' kichi haam dangte a kawh hi. Tuin, hih leitung haam tuamtuam i nei uhi, hujiahin haam tuam a haamte midag kihou kichi in, amau haam i zil uh a ngai chihna ahi. Tawndan kibatlouh jiahin, midangte lungtang leh ngaihtuahna i heetsiam theihna diingun hun leh tha tampi i piaah uh a ngai hi. Haam kibang zang himahlei, midangte lungtang leh a ngaihtuahna uh i hesiam veh thei sih uhi. Naltah leh thuuhtahin haam thei mahlei, i lungtang leh ngaihtuahte 100% in a soidoh theih sih hi. Thumalte jiahin, kiheetsiamlouhna leh kinialna i nei thei uhi. Thumalte ah bawlkhelh tampi a um hi.

Hizongleh Vaangam i luut a ahihleh, hih silte i buaipih uh a ngai sih hi. Vaangam ah haam khat chauh a um hi. Hujiahin, midangte heetsiam louh diing a lauhhuai sih hi. Lungtang hoih chu ahi bangbang a soi ahihjiahin, kiheetsiamlouhna ahihlouhleh heetkhelhna bangam a um thei sih hi.

Hichu heetna toh zong a kibag hi. Hitah ah, 'heetna' kichi in Pathian Thu heetna kawh hi. Hih leitung a i hin laiin, Pathian Thu guntuhtahin i zil uhi. Bible bu 66 tungtawn in, bangchidan hutdam a kium a huleh kumtuang hinna kitang ahiai chih i he thei uhi. Pathian deihzawng toh kisai i he va, hizongleh hichu Pathian deihzawng hal khat chauh, Vaangam a luutna diinga bang ahiai i bawl diing uh chih chauh ahi.

Etsahna diingin, 'kilungsiattuah un,' 'eng sih un, thangse sih un,' leh a dangdangte i za un huleh i zil un huleh i jui uhi. Hizongleh Vaangam ah, lungsiatna chauh a um hi, huleh hujiahin, hutah ah hitobang heetna a ngai sih hi. Hagaulam sil hizongleh uh, a tawp chiangin soilawhna, haam tuamtamte, huleh heetna zousiah a mang veh diing hi. Hikhu jiah ahihleh, amaute chu hih tahsalam khovel ah tomkhat chauh a diinga poimoh ahi.

Hujiahin, thudih Thu heet leh Vaangam toh kisai heet a poimoh hi, hizongleh a poimohzaw chu lungsiatna chituh ahi. I lungtang teep i tanna chiang leh lungsiatna i chituhna chiangchiang ah vaangam tenna mun hoihzaw a i chiah thei uhi.

Lungsiatna Chu Kumtuangin A Manpha hi

Na lungsiatna masa geldoh in. Bangchituha kipaah na hiai! Lungsiatna in ahung sumittaw i chih bangun, mikhat i lungsiat tahtah va ahihleh, hu mipa ah sil hoih chauh i mu va huleh khovel a sil tengteng a kilawm veh hi. Nisa zong a ma a sangin a sazaw a, huleh huih nasan namtui i sa maithei uhi. Sil sui mite muhna apat in lungsiatna nei mite huaah buaah ah ngaihtuahna dihlou leh demna ngaihtuahna thunun a haat sih zaw chih muh ahi. Huchibang in, na lungtang a Pathian lungsiatna a dim a ahihleh, an ne lou in um zongleh chin na kipaah thouthou hi. Vaangam ah, hitobang kipaahna in kumtuang a daih diing hi.

Hih leitung a i hinkhua chu Vaangam a i hinkhua diing uh toh the in naupang hinkhua tobang ahi. Naupang haam kisin tuung in thumal hahsa lou 'momma' leh 'daddy' chihte chauh a chi thei uhi. Sil tampi dihtahin a soidoh thei sih hi. Huleh, naupangte'n mipichingte khovel sil heethahsate a hesiam thei sih uhi.

Naupangte chu amau heetna leh hihtheihna chiang ah a haam un, a hesiam un, huleh a ngaihtuah uhi. Sum luuldan zong hoihtahin a hesiam sih uhi, hujiahin sum siih ahihlouhleh sum 'note' piaah ahih uleh, sum siih pen a laah uhi. Ajiah ahihleh amaute'n sum siih pen muamhum ahiai neehtheih ahiai khat leina a, a zat jel uh ahihjiahin manpha a sazaw uhi, hizongleh a sum 'note' pen manphatna a he sih uhi.

Hikhu chu hih leitung a i teen lai va Vaangam i heetdan uh toh a kibang hi. Vaangam chu mun kilawmtah ahi chih i he uhi, hizongleh bangchibang chet a kilawm ahiai chih i soi thei sih hi. Vaan lalgam ah, gamgi a um sih hi, hujiahin hoihna kichi i bukim keei in a soidoh a lahdoh theih hi. Vaangam i tun chiangin, hagaulam lalgam phaahtawp neilou leh limdangtah, huleh silbangkim in na a sepdan daante i hesiam thei diing uhi. Hikhu chu 1 Korinthete 13:11 ah hichiin a kisoi hi, "Ka naupan laiin naupang haamin ka haama, naupang heetin ka he a, naupang ngaihtuahin ka ngaihtuah hi; hizongleh ka hung pichin phetin chu naupanlai silte ka paaita hi."

Vaan lalgam ah, mial, ahihlouhleh lauhna ahihlouhna lunghihmawhna a um sih diing hi. Hoihna leh lungsiatna chauh a um hi. Hujiahin, i deih zahzah in i lungsiatna i soidoh thei va huleh khat leh khat i kipanpihtuah thei uhi. A dihtahin, hih leitung nasan ah, michih a ginna buuhna dungjuiin mihingte heetsiamdan leh ngaihtuahnate ah kibatlouhna lianpi a um hi.

1 Johan Bung 2 ah, ginna dan chih chu naupang neuter, naupangte, khanglaite, leh pate toh a kibang hi. Naupang neuter ahihlouhleh naupangte ginna dan a umkhate ch, hagau ah naupang tobang ahi uhi. Hagaulam sil thuuhte a hesiam tahtah

thei sih uhi. Thu juihna diing haatna neukhat chauh a nei uhi. Hizongleh khanglai leh papite ahung hih chiangun, a thusoite uh, ngaihtuahna, leh gamtatnate uh ahung chituam hi. Pathian Thu juihna diingin hihtheihna tamzaw a nei va, huleh mial silbawltheihna toh kidouna ah a gualzou thei uhi. Hizongleh hih leitung a pate ginna i sepdoh zoh zongleh, vaan lalgam i luut hun chiang diing toh tehkaah in naupang tobang i hi uhi a chih theih hi.

Lungsiatna Bukim A Um I Kisa Diing Uhi

Naupanlai chu piching a diinga kisingsahna hun ahi, huleh hutobangin, hih leitung a hinkhua chu kumtuang hinkhua a diinga kisahkholna hun ahi. Huleh, hih khovel chu kumtuang vaan lalgam toh tehkaah in a liim tobang ahi a, kintahin a paimang hi. Liim chu a tahtah ahi sih hi. Soidan tuam in, a tah ahi sih hi. A lim maimai a tahtah tobang giap ahi.

Kumpipa David in mipungkhawm zousiah mitmuhin LALPA a gualzawl a, huleh hichiin a chi hi, "Bangjiahin ahiai ichihleh, ka pulepate uh zousiah mah bangin keiuh chu na ma-ah mikhual leh khualjin thaam giap ka hiva; leitunga ka damsung nite uh liimliap bang giap ahi, huleh aumden mawng mawng bangmah aum sih hi" (1 Khangthu 29:15).

Silkhat liim i et chiangin, a liim neitu meelput diingdan taangpi i he thei uhi. Hih tahsalam khovel zong kumtuang khovel toh kisai ngaihdan neukhat hung petu liim tobang ahi. Liim, hih leitung a hinkhua, a bei chiangin, a hihna dihtah ahung kilang chiang diing hi. Tu leh tu in, hagaulam lalgam toh kisai chiangloutahin, liimlang a kien bangin i mu uhi. Hizongleh vaan lalgam i chiah chiangun, meel kimuhtuah bangmai in i hesiam diing uhi.

1 Korinthete 13:12 in hichiin a gial hi, "Ajiahchu tuin limlanga et bangin chianloutahin i mu a; hizongleh hu hun chiangin chu kimaaituahin imuta diing hi; tuin chu akimlouin ka he a, hizongleh hu hun chiangin chu kei hung kiheet bangin ka he ta diing hi." Sawltaah Paul in hih Lungsiatna Bung a gelh lai chu, kum 2.000 tobang paita ahi. Hulaia limlang limlang chu tuni hun a limlangte bangin a chiang sih hi. Lihli a kibawl ahi sih hi. Dangka, sumsan ahihlouhleh siihval a gawivui va huleh vaah leng diingin a siih chu a nawtnal uhi. Hujiahin limlang chu a mual hi. A dihtahin, mi khenkhat in hagaulam mit kihong toh vaan lalgam chu a chiangzaw in a mu un leh a he uhi. Huchi pum in zong, Vaangam kilawmna leh kipaahna chu mual sim in i mukha thei hi.

Tunung chianga kumtuang lalgam a i luut chiangin, lalgam ningchih chiangtahin i mu diing va huleh tangtahin i khoihkha diing uhi. A thu soi guallouh Pathian, thupina, silbawltheihna, huleh kilawmna toh kisai i hedoh diing uhi.

Lungsiatna chu Ginna, Hope, leh Lungsiatna teng laha a Thupipen ahi

Ginna leh kinepna chu i ginna uh khanna diinga poimoh mahmah ahi. Ginna i neih chiangun hutdam a um in huleh vaangam ah i luut thei pan uhi. Ginna chauh toh Pathian tate i hung hi thei uhi. Hutdamna, kumtuang hinna, huleh vaan lalgam chu ginna chauh toh i neih theih jiahun, ginna chu a luul mahmah hi. Huleh gou zousiah gou chu ginna ahi; ginna chu i haamteina dawnna diing chabi ahi.

Kinepna bang ahiai? Kinepna zong a luul hi; kinepna neihna

tungtawn in Vaangam ah tenna mun hoihzaw i nei thei uhi. Hujiahin, ginna i neih leh, kinepna i nei ngei diing uhi. Pathan leh Vaangam leh Meidiil i gintaat tahtah va ahihleh, Vaangam a diing kinepna zong i nei diing uhi. Huleh, kinepna i neih va ahihleh, kisuhsiangthou i sawm va huleh Pathian lalgam a diingin ginumtahin i tong uhi. Ginna leh kinepna chu vaan lalgam i tun masangsiah uh a loutheilou ahi. Hizongleh 1 Korinthete 13:12 in lungsiatna chu a thupipen ahi a chi a, bang jiah ahiai?

Khatna, ginna leh kinepna chu hih leitung a i um lai va diing chauh a poimoh ahi, huleh vaan lalgam ah hagaulam lungsiatna chauh a umden diing hi.

Vaangam ah, bangmah muhlouh a ahihlouhleh kineppih louh gintaat diing a um sih hi ajiahchu bangkim i muh in i mai ah a um diing hi. Etsahna in na lungsiat mahmah khat a um a, huleh amah chu kal khat sung ahihlouhleh kum sawm sung na mu sih hi. Amah kum sawm zoh a i muh kiit tahchiangleh kingaihnatna thuuhzaw leh thupizaw i nei diing uhi. Amah, kum sawm sung ina ngaih mahmah, toh kimuh nung in, amah ngai mahmah nalai diing mi a um diai?

Khristian hinkhua zong hutobang a pai ahi. ginna leh Pathian lungsiatna i neih tahtah va ahihleh, hun a pai dungjui leh i ginna a khan dungjuiin kinepna khang i nei diing uhi. Lalpa chu ni a pai dungjuiin i ngai semsem diing uhi. Hichibanga Vaangam kinepna neite'n hih leitung a kotzing neuzaw a juih jiahun a hahsa hi a chituan sih diing va, huleh heemna bangmah in a puikawi zou sih diing hi. Huleh i zotna mun, vaan lalgam, i tun chiangun, ginna leh kinepna a ngai nawn sih hi. Hizongleh lungsiatna chu kumtuangin vaangam a um zing hi, huleh hujiahin Bible in lungsiatna chu a thupipen ahi a chi hi.

Nihna, ginna toh Vaangam i tang thei uhi, hizongleh lungsiatna um lou in, tenna mun hoihpen, Jerusalem Thah, i luut thei sih uhi.

Ginna leh kinepna toh i natohna chiangchiang ah vaan lalgam chu thagum in i tang thei uhi. Pathian Thu dungjuia i hinna, sualna i paihmang a, huleh lungtang kilawm i chituhna chiangchiang ah, hagaulam ginna piaahin i um diing va, huleh hagaulam ginna buuhna dungjuiin, Vangam ah tenna mun tuamtuam: Paradise, Vaan Lalgam Khatna, Vaan Lalgam Nihna, Vaan Lalgam Thumna, huleh Jerusalem Thah, piaahin i um diing uhi.

Paradis chu Jesu Khrist pom a hutdamna changchang diinga ginna neite a diing ahi. Hih umzia chu Pathian lalgam a diingin bangmah a bawl sih uh chihna ahi. Vaan Lalgam Khatna chu Jesu Khrist a pom nung va Pathian Thu dungjuia hin sawmte a diing ahi. Hikhu chu Paradis sangin a nuamzo tham hi. Vaan Lalgam Nihna chu Pathian a lungsiatna utoh Pathian Thu a hingte leh Pathian lalgam a diingin ginumte a diing ahi. Vaan Lalgam Thumna chu a dan sangpen a Pathian lungsiatte leh a giitlouhna zousiah uh paihmang kisusiangthou vehte a diing ahi. Jerusalem Thah chu Pathian lungkimna ginna neite leh Pathian inn zousiah a diinga ginumte a diing ahi.

Jerusalem Thah vaanlam tenna inn Pathian ta ginna toh lungsiatna bukim chituhte a diing ahi a, huleh hikhu chu lungsiatna a khal a um ahi. A dihtahin, koimah Jesu Khrist, Pathian Tapa neihsun chihlouh, in Jerusalem Thah luutna diing chitna a nei uhi. Hizongleh silsiamte kihi ahihna a Jesu Khrist sisan luuh jala siamtan a i um va huleh ginna bukim i neih leh a luutna diing chitna i nei thei uhi.

Ei a diingin Lalpa sut a huleh Jerusalem Thah a umna diingin, Lalpa ana juih lampi i juih uh a ngai hi. Huh lampi chu lungsiatna ahi. Hih lungsiatna chauh toh Hagau Siangthou gah kuate i suang thei va huleh Lalpa umziate nei Pathian ta dihtahte hihtheihna Hamphatnate i nei thei uhi. Pathian ta dihtah hihna diing chitnate i neih kalsiah, hih leitung a i nget photmah i mu thei va, huleh Vaangam ah kumtuang in Lalpa toh kiton a paikhawm theihna diing hamphatna i nei diing uhi. Hujiahin, ginna i neih chiangun Vaangam ah i luut thei uhi huleh kinepna i neih chiangun i sualnate i paihmang thei uhi. Hikhu jiahin ginna leh kinepna chu a poimoh ngei a, hizongleh lungsiatna chu a thupipen ahi ajiahchu lungsiatna i neih chiangun Jerusalem Thah i luut thei pan uhi.

"Kilungsiattuahna loungaal chu koimah bangma ba sih un; ajiahchu amah midang lungsiatpain daan ajuuikim veh ahi. Bangjiahin ahiai ichihleh hi thute, Aang na kawm louh diing ahi, Tual na thah louh diing ahi, Na guuh louh diing ahi; Heetpihtu dihloua na panlouh diing ahi, Na eenlouh diing ahi; chin leh, hulou thupiaah dang mawng mawng aum leh, hute chu, Nangmah na kilungsiat banga na innveengte na lungsiat diing ahi, chihin akhaaikhawm veh hi. Lungsiatnain a innveengte abawlse sih a; hujiahin lungsiatna chu daan juihkimna ahi."

Romte 13:8-10

Khen 3
Lungsiatna chu Daan Juihkimna ahi

Bung 1 : Pathian Lunsiatna

Bung 2 : Khrist Lungsiatna

Pathian Lungsiatna

"Huleh i tunga Pathian in lungsiatna aneih chu i heva, ging zong i gingta uhi. Pathian chu lungsiatna ahi; koipouh lungsiatna-a um chu Pathian ah auma, Pathian zong amah ah aum hi."

1 Johan 4:16

Quechua Indian te toh a sep laiin, Elliot in Indian nam huham a minthang Huaorani te kawm phaah teitei sawm in a kisingsa hi. Amah leh missionary dang li, Ed McCully, Roger Youderian, Peter Fleming leh a lenna heeh uh Nate Saint in haamngaihna leh bawm khat a silpiaah uh piaahsuhna diing zang Huaorani Indian kichite toh a lenna tung vapat in a kihou uhi. Ha tampi zoh in, Indian nam apat a gamla lou ah, Curary Lui dung ah kingahna mun bawl a sawm uhi. Hutah ah tampivei Huaorani Indiante pawl neukhahkhat in a va naih va, huleh Huaorani sil he ut mahmah khat "George" (a mintah chi Naenkiwi) zong a lenna vah ana tuangsah uhi. Hitobang a neelhuaitaha ana bawl un hangsansahin, Huaorani vehna diingin hun khat a guanggalh uhi, hizongleh a silguan uh chu Huaorani pawl lian khat, Elliot leh a lawm lite January 8, 1956 ni a thaha a umna un a sulohsam hi. Elliot leh a lawmte, Ed McCully a chihlouh, tahsa meelhem chu luitolam ah muh in a um hi.

Elliot leh a lawmte chu thakhatthu in khovel pumpi ah martar ahi uh chih in ahung kihe a, huleh 'Life Magazine' in peeh 10 dim in a kuanna uleh a sihna a gelhdoh uhi. Amaute'n a hun laiun khanglaite lah Khristian mission a diinga lungluutna a kuangsah a, huleh khovel pumpi a Khristian missionary natohna a diing hasotna khat in a kikoih zing nalai hi. A pasal sih nung in Elisabeth Elliot leh missionary dangte Auca Indiante lah ah natoh a pan va, hutah ah sepdoh thupitah a nei va huleh gingtu tampi a va siamdoh uhi. Hagau tampi chu Pathian lungsiatna in a zou hi.

Kilungsiat tuahna loungaal chu koimah bangma ba sih un; ajiahchu amah midang lungsiatpain daan ajuuikim veh ahi. Bangjiahin ahiai ichihleh hi thute, Aang na kawm louh diing ahi,

Tual na thah louh diing ahi, Na guuh louh diing ahi; Heetpihtu dihloua na panlouh diing ahi, Na eenlouh diing ahi; chin leh, hulou thupiaah dang mawng mawng aum leh, hute chu, Nangmah na kilungsiat banga na innveengte na lungsiat diing ahi, chihin akhaaikhawm veh hi. Lungsiatnain a innveengte abawlse sih a; hujiahin lungsiatna chu daan juihkimna ahi (Romte 13:8-10).

Lungsiatna chi chinteng lah ah lungsiatna sangpen chu eimah a diinga Pathian lungsiatna ahi. Sil zousiah leh mihingte siamna chu Pathian lungsiatna apat a hung mengdoh ahi.

A lungsiatna apat in Pathian in sil zousiah leh mihingte a siam hi

A tuungin Pathian in Amah ah munawng lianpi A siam hi. Hih munawng chu tuni a munawng i heet utoh a kibang sih hi. Hih munawng in kipatna ahihlouhleh tawpna ahihlouhleh gamgi a nei sih hi. Sil zousiah Pathian deihzawng leh A lungtang a, A ngaihtuah bangjel in A bawl hi. Huchi ahihleh, Pathian in A deih bang bawl thei leh nei thei ahihleh, bang diinga mihingte siam ahiai?

Ama'n a jal a zou A khovel kilawmna A zoupih theih diing ta dihtahte A deih hi. A deihbanga kibawl munawng ah silbangkim chu kikoppih diing A deih hi. Hikhu chu mihing lungsim toh a kibang hi; i lungsiatte toh sil hoih i neihte kihongtahin i zangkhawm ut uhi. Hih kinepna toh, Pathian in ta dihtahte neihna diingin mihing chituhna a guanggalh hi.

A kalbi khatna ah, munawng khat chu tahsalam leh hagaulam

khovel in A khen a, huleh vaan sepaihte leh angelte, hagaulam mite, huleh hagaulam lalgam a sil poimoh dang tengteng A siam hi. Ama'n umna diing munawng A siam a huleh A tate umna diing vaan lalgam, huleh mihing chituhna diingin mihingte a diing munawng A siam hi. Hun simseenglouh a paita nung in, tahsalam khovel ah Leitung chu nisa, hapi, huleh aahsite, khovel boruak, mihingte hinna diing poimoh chinteng A siam hi.

Pathian kiim ah hagaulam mi simseenglouhte angelte A siam a, hizongleh 'robot' tobang sim in, a jiah bei thumang a um uhi. Amaute chu Pathian in A lungsiatna A kikoppih theih hinna neite ahi sih uhi. Hikhu jiahin Pathian in mihingte Amah toh lungsiatna kikoppih theih diing ta dihtahte neihna diing Amah ngei lim in A siam hi. Na deih banga gamtaang diing meel hoihtah 'robotte' i neih theih diing va ahihleh, i tate a hengkhe thei diviai? Na tate hung ngaikhe sih jeljel mahleh uh, huh 'robotte' sangin a ngaihhuaizaw nalai diing uhi ajiahchu na lungsiatna a phawh thei va huleh ahung lungsiatna uh a soidoh thei uhi. Hikhu chu Pathian a toh a kibang hi. A lungtang a kikuppih theih diing ta dihtahte A deih hi. Hih lungsiatna toh, Pathian in mihing masapen A siam hi, huleh Amah chu Adam ahi.

Pathian in Adam A siam zohin, mun khat ah huan khat Eden kichi suahlampang ah A siam a, huleh hutah ah A koih hi. Eden Huan chu Pathian in Adam kawm a deihsahna a, A piaah ahi. Hitah chum un kilawm limdangtah paahte leh singkungte hoihtaha a pouna leh ganhing etlawmtahte vaah lehlehna ahi. Munteng ah singgah a dim in a um hi. Lungmulpat tobang a neem huihnung hiauhiau a nei a huleh hampate awging hiauhiau a nei hi. Tui chu suangmantam bang vaah te leplep lengdoh in a um hi. Mihingte ngaihtuahna nasan toh, huh mun kilawmna koimahin a soidoh seeng sih hi.

Pathian in Adam kawm ah amah panpih diing a min Evi kichi zong A piaah hi. Hikhu chu Adam lunghel a kisah jiah ahi sih hi. Pathian in Adam lungtang a he malawh hi ajiahchu Pathian zong hun sawtpi lungheltahin ana um hi. Pathian in a hoihpen a hingsahin, Adam leh Evi chu Pathian a vaahkhawm va huleh, hun a sawt a sawt, silsiam zousiah tunga lal hihna thuneihna thupitah a zou uhi.

Pathian in A ta dihtahte a siamdoh diingin mihing A chituh hi

Hizongleh Adam leh Evi te'n Pathian ta dihtahte ahihna diing vah sil khat a tasam uhi. Pathian in a bukim in A lungsiatna pe mahleh, Pathian lungsiatna a phawh tahtah sih uhi. Pathian in A piaah silbangkin jal a zou va, hizongleh amau panlaahna toh a lohdoh uh ahihlouhleh a neih uh a um sih hi. Huchiin, Pathian lungsiatna luuldan bangchituh ahiai chih a hesiam sih uhi, huleh amau kawm a kipete tung ah kipaahna chang a he sih uhi. Huban ah, sihna ahihlouhleh lungkhamna himhim a tuaahkha sih va, huleh hinkhua manphatdan a he sih uhi. Huatna a hekha ngei sih va, huchiin lungsiatna luulna dihtah a hesiam sih uhi. Huaahbuuh heetna bangin za in he mahleh uh, a lungtang vah lungsiatna dihtah a phawh thei sih uhi ajiahchu amaute'n a dihtahin a tuaahkha nai sih uhi.

Adam leh Evi in sia leh pha heetna singkung apat a neeh uh jiah hitah ah a um hi. Pathian in hichiin A chi hi, "…na neeh ni ni in na si diing uh ahi," hizongleh sihna umzia bukim a he sih uhi (Siamchiilbu 2:17). Pathian in sia leh pha heetna singkung apat in a ne diing uh chih he lou adiai? A he hi. A he mah hi, hizongleh Ama'n Adam leh Evi thumanna diinga deihtelna zalenna A pe nalai hi. Hitah ah mihing chituhna silphatuam bawlsah a um hi.

Mihing chituhna tungtawn in, Pathian in mihingte chu mittui, dahna, natna, sihna, a dangdang tuaahkha diingin A deih a, huchia a khonung a Vaangam a, a luut chiang va, vaanlam silte bangchituha luul leh manpha ahiai chih a phawh diing va, huleh huchiin kipaahna dihtah a tang thei diing uhi. Pathian in amaute toh Vaangam ah A lungsiatna kumtuangin A kikoppih nuam hi, huchu, tehkaah guallouh a, Eden Huan sanga kilawmzaw ahi.

Adam leh Evi in Pathian thu a manlouh nung un, Eden Huan ah a teeng thei nawn sih uhi. Huleh Adam in zong silsiam zousiah tung a lal ahihna a, a thuneihna zousiah a mansah jiahin, ganhingte leh singkungte zousiah zong haamsiat ahi uhi. Leitung in kiningchinna leh kilawmna ana nei a, hizongleh hi zong haamsiat ahi. Tuin ling leh loulingte a pousahta a, huleh mihingte'n tohgimna leh a tal va khosaul pawt lou in a gah a lou sih uhi.

Adam leh Evi te'n Pathian thu mang sih mahleh uh, amaute a diingin savun puan A siamsah a huleh A tuam hi, ajiahchu bouruak tuampi khat a khosa diing ahihtaah jiahun (Siamchiilbu 3:21). Pathian lungtang chu nulepate'n maban a sil hung tung diing kigingkhawlna diinga a tate uh tomkhat a sawlmang uh bagin a na diing hi. Hih Pathian lungsiatna um na pum in, mihing chituhna kipat nung in, mihingte chu sualna in a niinsah a, huleh kintahin Pathian apat in a kikoih gamla uhi.

Romte 1:21-23 in hichiin a chi hi, "Ajiahchu Pathian he ngaalin Pathian bangin a paahtawi sihva, kipaahthu zong asoi sih uh; himahleh sil thulimloute angaihtuah jotava, a lungtang ngol u'chu ahung mialta hi. Pil kisain mingol ahung suaahtava, Sitheilou Pathian loupina chu sithei mihingte, vate, keenglinei sate leh aboha vaah ganhingte limah atangsah ta uhi."

Hih mihing sualtahte a diingin, Pathian in A silphatuam bawlsah leh lungsiatna chu nam teel, Israelte tungtawn in ahung langsah hi. A langkhat ah, Pathian Thu dungjuia a hin chiangun, chiamchihna leh silmah limdangtahte langsahin huleh gualzawlna thupitah A piaah hi. A lehlam ah, Pathian apat a paimang va, milim biaah leh sual bawl a, a um chiangun, pathian in A lungsiatna thu soi diingin zawlnei tampi A sawl hi.

Hutobang zawlnei laha khat ahihleh Hosea, Israel gam maallam Israel leh simlam Judah a, a kiphelsuah zoh mial khang thanuamtaha natong ahi.

Nikhat Pathian in Hosea kawm thupiaah chituam deuh pia in hichiin A soi hi, "Chiahin la, kijuaahmi jiin va neiin, kijuaahmite tate nei in" (Hosea 1:2). Pathianmi zawlnei khat a diingin kizuaahmi numei khat kitenpih diing chu lung a zong ngaihtuah theih ahi sih hi. Pathian siltup a bukim in hesiam sih mahleh, Hosea in A Thu a mang a huleh a zi diingin Gomer kichi numei khat a nei hi.

Ta thum a nei va, hizongleh Gomer chu a huuhna jiahin midang kawm ah a va pai hi. Ahihvangin, Pathian in Hosea kawm a zi lungsiat diingin A hilh hi (Hosea 3:1). Hosea in a va hawl a huleh dangka shekel sawmlehnga leh homer khat leh barli kimkhat in a va lei hi.

Hosea in Gomer a lungsiatna in Pathian in ahung lungsiatna a ensah hi. Huleh Gomer, kizuaah numei in mihing sualna in a suhnit zousiah a ensah hi. Hosea in kizuaah numei a zi diinga a laah bangin, Pathian in hih khovel sualna in a suhnitsa eite ahung lungsiat masa hi.

Mi koipouh a sihna lampi vapat a a kihei va huleh A ta ahung hih diing kinem in A lungsiatna tawplou ahung langsah hi. Tomkhat khovel toh kilawmhoih a um in huleh Pathian apat kikoih gamla zongleh uh, "Na hung nusia va hujiahin ka hung pom kiit thei nawn sih," A chi sih hi. Ama'n mi koipouh Amah lama kiihkiit diingin A deih a huleh nulepate a tate uh taimang hung kilehkiit diing ngaah a umte sanga lungtang a ngaahlahzaw in a um hi.

Pathian in khang kipat ma in Jesu Khrist ana guatlawh hi

Luke 15 a tapa taimang tehkhinthu in Pa Pathian lungtang chiantahin a langsah hi. Tapa nihna ta banga hinkhua hausatah neipa'n a pa tung ah kipaahna lungtang a nei sih a huleh a hinkho zat tobang luuldan a hesiam sih hi. Nikhat a gou luah diing sum a ngen hi. Amah chu tapa duatsual a goutan diing a pa damlai ngen ahi.

A pa'n a tapa khaam zou sih hi, ajiahchu a tapa in a nulepate lungtang a hesiam het sih hi, huleh a tawp in a gousum tan diing a pedoh hi. A tapa chu a kipaah mahmah a huleh khual a zindoh hi. Hu a kipat in a pa lungtang natna a kipan hi. Si diing khop in a lungkham a, "A va kisunakha de aw? Migilou toh a va kituaahkha de aw?" chiin a ngaihtuah hi. A pa chu a tapa ngaihtuah talua in ihmu lou in a um a, a tapa hung kileh diing kinem in kawlmong a en en mai hi.

Sawtloukalin, a sum ahung bei a, huleh mite'n ahung bawl duhdah panta uhi. A dinmun hung se mahmah in vohte an neeh nasan duhgoh in ahung um a, hizongleh koimah in a kawm ah bangmah a pe sih uhi. Tuin a pa innsung ahung phawhdoh hi. A inn ah a kileh a, hizongleh a dah mahmah a huchiin a lu nasan a phongdoh ngam sih hi. Hizongleh a pa ahung tai a, ahung tawp hi. A pa'n amah chu a ngoh sih a hizongleh a kipaah top mai a huchiin puan hoihpen a silhsah a huleh a lopna in bawngnou khat a that hi. Hikhu chu Pathian lungsiatna ahi.

Pathian lungsiatna chu hun biih khat ah mi khenkhatte kawm chauh a piaah ahi sih hi. 1 Timothi 2:4 in hichiin a chi hi, "[Pathian] chu mi zousiah hutuama um diing leh thutah hung he diingin adeih hi." Ama'n hun zousiah ah hutdamna kotkhaah a hong zing a, huleh Pathian kawm a hagau ahung kilehkiit teng in, nuamna leh kipaahna toh hagau chih ana vaidawn hi.

Hih Pathian a tawp tandong a chiahmang diing hung phal lou lungsiatna toh, michih in hutdamna a tanna diingun lampi a kihong hi. Hichu Pathian in A Tapa neihsun Jesu Khrist A guatlawh hi. Hebraite 9:22 a, "Huleh daanthuin sil zousiah chihphial sisana suhsiangthouin aum a; sisan suahlouin ngaihdamna aum sih hi" hichia a kisoi bangin, Jesu'n misualte'n a piaah diing uh sual man, A sisan manphatah leh A hinna ngei toh, A piaah a ngai hi.

1 Johan 4:9 hichia kigial bangin a soi hi, "Hikhu-ah Pathian in eiuh ahung lungsiatna akilangta, amah jaala i hin theihna diinga Pathian in a Tapa neihsun khovel a ahung sawl jiahin." Pathian in Jesu chu mihingte a sualna vapat a hutdohna diingin A sisan

luultah A suahsah hi. Jesu kilhbeh ahi a, hizongleh ni thumni in sihna tung a gualzou in huleh A thoukiit hi, ajiahchu Ama'n sualna A nei sih hi. Hikhu tungtawn in i hutdamna lampi hon in a um hi. Eite a diingin A Tapa neihsun hung piaah kichi chu a soi sangin a hahsazaw hi. Koreate thusoi khat in hichiin a chi hi, "Nulepate'n a mit vah a tate uh kithun zongleh na a sa sih uhi." Nulepate tampi in amau hinna sangin a tate uh hinna a poimohzaw in a ngai uhi.

Hujiahin, Pathian a diingin A Tapa neihsun Jesu ahung piaah in a lungsiatna tawpkhawh ahung langsah hi. Huban ah, Pathian in Jesu Khrist sisan tungtawn a A neihkiitte a diingin vaan lalgam ana guanggalhsah hi. Hikhu bangchituha lungsiatna thupi ahiai! Huleh hichiang ah Pathian lungsiatna a bei sih hi.

Pathian in Vaangam a hung puiluut diingin Hagau Siangthou ahung Piaah hi

Pathian in Hagau Siangthou chu Jesu Khrist pomte leh sual ngaihdamna tangte kawm ah silthawnpiaah bangin A piaah hi. Hagau Siangthou chu Pathian lungtang ahi. Lalpa vaan a, A kaltouh hun a kipat in, Pathian in Panpihtu, Hagau Siangthou i lungtang vah ahung sawl hi.

Romte 8:26-27 in hichiin a gial hi, "Hutobangmahin, Hagauin i haatlouhnate apanpih jeel hi; ajiahchu bangchi banga haamtei diing i hiai chih i he sih a; hizongleh Hagauin thuumna soi guallouhin ahung ngetsah jing hi. Huleh Pathian deihjawng banga misiangthoute diinga angetsah jiahin, amah lungtang entuin Hagau deihjawng bang ahiai chih ahe hi."

I sual chiangun, Hagau Siangthou in natna soi guallouh tungtawn in kisiih diingin ahung mapui hi. Ginna haatlou neite kawm ah, ginna A piaah hi; kinepna neiloute kawm ah, kinepna A piaah hi. Nute'n tate nemtaha a hamuan va huleh a don uh bangin, Ama'n i kawm ah thu soi in huchiin bangchimahin suhnat leh liamsah i hi sih diing uhi. Hichibangin Ama'n Pathian ahung lungsiattu lungtang ahung hesah a, huleh vaan lalgam ah ahung pui hi.

Hih lungsiatna thuuhtaha i heetsiam va ahihleh, Pathian lungsiatkiit chihlouh ngal bawl diingdan a um sih hi. Pathian i lungtang va lungsiat a ahihleh, ei hung sukipaah diing lungsiatna thupi and limdang ahung pekiit diing hi. Chidamna ahung piaah a, huleh silbangkim hoihtaha a paina diingin ahung gualzawl diing hi. Hikhu hichia a bawlna jiah chu hikhu hagaulam lalgam daan ahihjiah ahi, hizongleh a poimohzaw chu, Amah apat gualzawlna i tante jiaha A lungsiatna phawh diingin ahung deih hi. "Kei hung lungsiatte Ka lungsiat a; huleh kuhkaltaha hung hawlte'n ahung mu diing uhi" (Thupilte 8:17).

Pathian na muh masat penpen leh buaina tuamtuam suhdamna ahihlouhleh suhvengna na tan in bang chiin na um ei? Hu Pathian lungsiatna nang migilou nasan in na phawhdoh diing hi. Na lungtang apat in, "Tuipi chu pen tui hi in, vaan chu lehkhapuan hileh, tung Pathian lungsiatna gelhna diingin, tuipi a kang diing," na chi diing hi. Huleh Pathian lungkhamna, dahna, natna, kikhenna, huleh sihna um louhna kumtuang Vaangam hung petu lungsiatna in ahung kipaahsah ka gingta hi.

Pathian i lungsiat masa sih uhi. Pathian i kawm ah ahung pai masa a huleh ei a diingin A baan ahung zaah masa hi. Lungsiat taah i hihjiah va ahung lungsiat ahi sih hi. Pathian in ahng lungsiat mahmah a huchiin eite migilou leh si diinga umte A Tapa neihsun ahung piaah hi. Ama'n mi zousiah A lungsiat hi, huleh nu a ta nawiteep lai manghilh thei lou lungsiatna sanga lungsiatna thupizaw toh ahung don hi (Isaiah 49:15). Ama'n kum sangkhat zong ni khat bang mai in eite ahung ngaah hi.

Pathian lungsiatna chu lungsiatna dih hun sawtpi a kiheng lou ahi. Izawhchiang a Vaangam i tung chiangin, lallukhuh kilawmtah, puannem taang singseng, huleh sana leh suangmantam a kibawl vaanlam innte, Pathian in ei a diinga ahungna guatlawhsahte i muh chiangin limdang sa petmahin i khaah in tuanglai sukha khop in a kaikhe diing hi. Hih i leitung hinkhua ah zong lawmman leh silpiaahte ahung piaah hi, huleh Amah chu A kumtuang loupina ni a eite toh umkhawm diing ni ngaahleltaha ngaah in A um hi.

Khrist Lungsiatna

"...Khrist in ahung lungsiat a, ei u'diinga Pathian kawma silpiaah leh kithoihna namtuui diinga akipiaah bangin, lungsiatna ah um un."
Ephesite 5:2

Lungsiatna in sil hitheilou hihsahtheihna diingin silbawltheihna thupitah a nei hi. A diaahkhol in, Pathian lungsiatna leh Lalpa lungsiatna chu a limdang tahzet hi. Mi silbawlthei loute bangmah natong theitah a silbawl thei loute chu silkhat pouhpouh bawl thei diingin a siamdoh thei hi. Lehkhasiam lou ngamanmi, siahdongte – hulai a diinga misual a kikoihte – mizawng, meithai, huleh khovel a mi phawhphaahlouh a umte'n, Jesu a muh un, a hinkhua uh a kiheng pumlum hi. A zawnna uleh leh natna uh suhveng ahi a, huleh a ma a ana phawhkha louh uh lungsiatna dihtah a tuaahkha uhi. Bangmah phattuamna nei lou in ana kikoih va, hizongleh Pathian vanzat loupitahte bangin ahung piangthah uhi. Hikhu chu lungsiatna silbawltheihna ahi.

Jesu hih leitung ah vaangam loupina teng nusia in ahung pai hi

A chiil in Pathian chu Thu ahi a huleh Thu chu hih leitung ah mihing sapum in ahung kumsuh hi. Hichu Jesu, Pathian Tapa neihsun ahi. Jesu hih leitung ah sual in a kaantom mihingte sihna lampi a paite hundam diingin ahung kumsuh hi. 'Jesu' kichi min umzia chu 'Ama'n A mite a sualnate vapat in A hundam diing' chihna ahi (Matthai 1:21).

Hih sual a dim mite zousiah chu ganhing toh kikhiatna nei lou in ahung um uhi (Eklesiastes 3:18). Jesu chu mihing a bawl diing dawl uh nusia a huleh ganhingte sanga hoihzoloute hundam diingin ganbuuh ah ahung piang hi. Amah chu gankuang gantate an neehna diinga kibawl ah huh mihingte an dihtah hung hi diingin sial in a um hi. Hichu mihingte'n Pathian lim mangsa a muhkiitna diing uleh a mohpuaahna bukim uh a bawl theihna diing uh ahi (Johan 6:51).

Huleh, Matthai 8:20 in hichiin a chi hi, "Siha-alte'n kua anei va, tungleeng vate'n bu anei uh; Hizongleh mihing Tapa'n alu ngahna diing mun anei sih." A kisoi bangin, Ama'n lupna diing mun A nei sih a, huleh khovot leh guah lah ah loulai ah zaan in A um a ngai hi. Tampi vei an ne lou leh gilkial in a um hi. Ama'n ahih theih louh jiah ahi sih hi. Hikhu chu zawnna apat a hung hutdohna diing jiah ahi. 2 Korinthete 8:9 in hichiin a chi hi, "Ajiahchu i Lalpa uh Jesu Khrist hehpihna chu na he uh; a gentheihna jiaha na hung hauhsat theihna diingun, amah chu hausa mah zongleh, nang u' jiahin ahung genthei ta hi."

Jesu'n mipi laha A natoh chu Cana moulopna ah tui uain suaahsahna chiamchihna bawl in A pan hi. Pathian lalgam thu A soi a huleh Judea leh Galilee gamkaih ah chiamchihna leh silmah tampi A bawl hi. Phaah tampi suhdam ahi va, keengbaite ahung pai thei uh a kitawm thei uhi, huleh dawi in a matte chu mial silbawltheihna apat in zalensahin a um uhi. A sihna ni li hita leh uihta mikhat zong haankhuuh apat in a hing in ahung pawtdoh hi (Johan 11).

Jesu'n hih leitunga na A toh laiin mite Pathian lungsiatna heetsahna diingin hutobang sillimdangte A langsah hi. Huban ah, Pathian khat ana hi huleh Thu ngei hi in, eite a diinga ettontaah bukim hi diingin Daan chu A juikim hi. Huleh, Daan a juihkim vangin, Daan botsete leh thah a um diingte A mohpaih tuan sih hi. Ama'n mite A hilh thoh mai a huchia hagau khat beeh ahung kisiih a hutdamna a muh theihna diingun.

Jesu'n mi zousiah Daan dungjuia khauhtaha ana buuh hileh, koimahin hutdamna a tang thei sih diing hi. Daan chu Pathian thupiaahte bawl diing, bawl louh diing, paihmang diing, huleh kep diing silte hung hilhtu ahi. Etsahna diingin, 'Sabbath kem siangthou in; na innveengte silneih eeng sin; na nulepate zahtaat in; huleh gilou a kilang photmah paihmang in,' chih thupiaahte a um hi. Daan zousiah tunna diing chu lungsiatna ahi. Thupiaahte leh daante zousiah na kep a ahihleh, lungsiatna chu a polam beeh ah na jui diing hi.

Hizongleh Pathian in ahung deihna chu natoha Daan juih chauh ahi sih hi. I lungtang apat lungsiatna th Daan jui diingin ahung deih hi. Jesu'n hih Pathian lungtang hoihtahin A he a huleh lungsiatna toh Daan chu A subuching hi. Etsahna hoihpente laha khat ahihleh numei a angkawm lai mat a um nu tungtaang ahi (Johan 8). Nikhat, lehkhagialte leh Pharisaite'n angkawm lai numei khat ahung pui va huleh mipite lailung ah ahung dingsah va huleh Jesu hichiin a dong uhi: "Daan lehkhabu ah Mosi'n hitobang mi chu suanga sehlup diing thu ahung pia hi; hizongleh nang bangchi diing na chi ei?" (Johan 8:5)

Hikhu a soi uhi huchia Jesu a ngoh theihna diing uh pansan ding a neih theihna diing uh. Numeinu'n hulaitahin bang lunggel nei diingin na ngaihtuah ei? Michih mai a sualna taahlat a um chu a zum mahmah diinga, huleh suang a sehlup diing ahihjiahin a laau mahmah in a kithing diing hi. Jesu'n 'Sep un," chi taleh, suang a kisehna in a hinna a beita diing hi.

Jesu'n bangteng hileh Daan dungjuia gawt diingin A soi sih hi. Husangin, A kuunsuh a huleh A khutzung in bangahakhat tual ah A gial hi. Hichu mite'n a taangpi a sual a bawl uh minte ahi. A sualnate uh a gelh zoh in, ahung dingtou a huleh hichiin A chi hi, "Na lahva sualna nei hetlou peenin amahnu chu sep masa heh" (c. 7). Huchiagleh, khatvei a kuunsuh kiit a huleh silkhat a gial kiit hi.

Hi hun ah, michih sualna chu A mu mahbangin, bang hun a, khoitah ah, huleh bangchidan michih in sual bawl ahi viai chih a gialkhia hi. A sia leh pha heetna va na sate chu a banban in a pawtmang uhi. A tawp in, Jesu leh numeinu chauh a um uhi. A ban a chang 10 leh 11 na in hichiin a soi hi, "Huin Jesu athou a, numeinu chihlouh midang amuhlouh tahin akawmah, Numei, nang hung heehte khoia um ahita viai? koima'n siamlouh ahung tangsah sih maw? achi a. Amahnu'n, Koima'n hung tangsah lou, Lalpa, achi a. Jesu'n akawmah, 'Ke'n zong siamlouh ka hung tangsah sih hi, chiah inla, sual kiit nawn sin', achi a."

Numeinu'n angkawm jiaha gawtna chu suang a sehlup ahi chih helou ahiai? A dihtahin a he sih hi. Daan a he hi hizongleh a tahsa utna a zohzoh louh jiahin sual a bawl hi. A sualna taahlat ahihjiahin suhlup a, a um diing a ngaah mai hi, huleh kineplouh pi a Jesu ngaihdamna a muh chiangin, bangchituha khoihkha in a um diai! Jesu lungsiatna a heetdoh sungteng, a sual kiit thei nawn sih diing hi.

Jesu'n A lungsiatna toh Daan botsia numeinu ngaihdam ahihtah chiangleh, Pathian leh i innveengte i lungsiat sung siah Daan chu phatuam nawn lou ahi diai? Ahi sih hi. Jesu'n hichiin A chi hi, "Daan ahihlouhleh Zawlneite subei diinga hung pai hi in hung ngaihtuah sih un; a subei diinga hung hi lou in a subuching diinga hung Ka hi" (Matthai 5:17).

Daan i neih jiahun Pathian deihzawng a bukimzaw in i jui thei uhi. Mikhat in Pathian a lungsiat chi henla hileh, a lungsiatna chu bangchituha thuuh leh lian ahiai chih i teh thei sih uhi. Ahihvangin, a lungsiatna buuhna chu Daan i neih jiahun a bukimzaw in i enkai thei uhi. A lungtang zousiah toh Pathian a lungsiat a ahihleh, Daan a jui ngeingei diing hi. Hutobang mite a diingin, Daan juih chu a hahsa sih hi. Huban ah, hoihtaha Daan a juihna chiangchiang ah, Pathian lungsiatna leh gualzawlnate a mu diing hi.

Hizongleh Jesu hun laia daanmite chu Daan a Pathian lungsiatna um ah a lungluut sih uhi. A lungtang uh siangthousah diinga a khawhngaih sih va, hizongleh daan bang juih chauh a luut uhi. A polam a Daan a juihna vah a lungkim un huleh a kisahtheihpih uhi. Daan jui in a kingaihtuah va, hueh huchiin Daan botsete chu a thutan un huleh a mohpaih pahngal uhi.

Jesu'n Daan umzia dihtahte leh Pathian lungtang toh kisai A hilh chiangin, Jesu chu a dihlou leh dawipai in a chi uhi.

Pharisaite'n lungsiatna a neih louh jiahun, Daan buchingtaha juihna in a hagau uh diingin bangmah phattuamna a tut sih hi (1 Korinthete 13:1-3). A lungtang va gilou um a paihmang sih va, hizongleh midangte tung thutanna leh mohpaihna bawlkhum in, huchiin Pathian apat in a kikoih gamla uhi. A tawpna ah, Pathian Tapa kilhbehn sual, a laahkiit theih nawn louh uh a bawl uhi.

Jesu'n Sih Tanpha a Thumanna Toh Kross Nasepna A Subuching Hi

Kum thum natohna bei diing kuan in, Jesu chu Olive Taang ah A thuaahna kipat ma in A chiah hi. Zaan ahung sawt chiangin, Jesu chu A ma kilhbehna tuaah diingin kuhkaltahin A haamtei hi. A haamteina chu mohna bei keei A sisan tungtawn a hagau zousiah hutdamna diinga kikoudohna ahi. Hichu kross gimthuaahna zohna diinga silbawltheihna ngetna diinga haamteina ahi. Kuhkaltahin A haamtei hi; huleh A khosaul chu sisan mal in, tual ah a taahkhia hi (Luke 22:42-44).

Huh zaan in, Jesu chu sepaihte'n a man va huleh mun tuamtuam ah thudot diingin a pui lehleh uhi. A tawp in Pilate vaihawmna inn ah sihna diinga thutankhumna A tang hi. Rom sepaihte'n A kithahna diing mun a, a pui ma un A lu ah linglukhuh a khulısah va, chil a siatkhum va, huleh a jep uhi (Matthai 27:28-31).

A sapum chu sisan in a tuamdim hi. Zaankhovaah a chiamnuihbawl leh jep in A um hi, huleh hih sapum toh sing kross puaah in Golgotha ah A chiahtou hi. Mipi tampi in Amah a jui uhi. Hun khat ah "Hosanna" chiin a vaidawn va huleh tuin khophawh lou mipi hung suaah in "Kilhbeh un!" chiin a kikou uhi. Jesu mai chu sisan in heettheihlouh khop in a tuamdim hi. A tha tengteng chu kigawtna natna jiahin a bei veh a huleh Amah a diingin kalkhat chauh suan zong a hahsa mahmah hi.

Golgotha A tun tahchiangin, Jesu i sualnate apat hutdoh i hihna diingun kilhbeh in A um hi. Eite, Daan sual man chu sihna ahi chi haamsiatna nuai a umte, ahung hutdohna diingin, Jesu chu kilhbeh in A um hi (Romte 6:23), sing kross tung ah khaikaang ahi a huleh A sisan a luangsah hi. Ama'n linglukhuh khuh in i ngaihtuahna utoh sual i bawlte uh ahung ngaihdam hi. Amah chu I khut uleh keeng va i bawl uh i sualnate uh ahung ngaihdamna diingin A khut leh keeng ah siihkilh a kilhbeh in A um hi.

Mingolte hih thudih he loute Jesu kross dawn a kikhai chu a chiamnuihbawl un leh a hehsan uhi (Luke 23:35-37). Hizongleh na sah mahmahna a zong, Jesu chu Luke 23:34 a "Pa, ngaidam in; ajiahchu a silbawl uh a he sih uhi" chia kigial bangin Amah kilhbehtute ngaihdam ahihna diingun A haamteisah hi.

Kilhbehna chu kithahna tengteng laha huhampen ahi. Mohpaiha um pen chu kigawtna dangte sanga sawtzodeuh a thuaah uh a ngai hi. A khut leh keengte uh siihkilh in a kikilh a, huleh a tahsa chu a kibotjah hi. Tahsa hulna nasatah leh sisan paidan a kituaahlouhna nasatah a um hi. Hikhu in sunglam ah awlawl a siatna a tut hi. Kilhbeha um mikhat in sisan gim za a thousite jiaha natnate zong a thuaah uhi.

Jesu kross a, a um laiin bang ngaihtuah diingin na gel ei? A sapum natna huaiseta ahi sih hi. Hizongleh a ngaihtuah chu bang diinga Pathian in mihingte A siam, hih leitung a mihingte chituhna umzia, huleh mihing sualna thuphatawina diinga Amah ngei kithoihna jiah A ngaihtuah a, huleh kipaahna haamteina lungtang apat in A laan hi.

Jesu'n kross a daahkal guup natna a thuaah nung in, "Ka dangtaah," A chi hi (Johan 19:28). Hichu hagaulam dangtaahna, hagau sihna lampi tawn a paite matna diinga dangtaahna ahi.

Maban a hih leitung a hung teeng diing hagau simseenglouhte ngaihtuah in, Ama'n kross thu soidoh diing leh hagau hundam diingin ahung sawl hi.

Jesu'n a tawp in hichiin a chi hi, "Zoh ahita!" (Johan 19:30) huleh huchiin "Pa, Na khut ah Ka hagau Ka ngata" (Luke 23:46) chiin A haih nunungpen A lata hi. Amah chu sual thuphatawina hung hi in mihingte hutdamna lampi honsahna diing mohpuaahna zou ahihjiahin Pathian khut ah A hagau A koihta hi. Hikhu chu lungsiatna thupipen natoh suhbuchinna hun ahi.

Hu hun a kipat in, Pathian leh eite kal a sualna baang ding chu suhchip ahita hi, huleh Pathian toh tangtahin i kihou theita uhi. Hukhu ma in, siampula mite luanga sual ngaihdamna diinga kithoihna sillat a lat a ngai hi, hizongleh tuin hichibang ahi nawn sih hi. Jesu Khrist a gingta koipouh Pathian inn siangthou ah hung luut thei in huleh Pathian tangtahin a be thei hi.

Jesu'n A Lungsiatna toh Vaangam Tenna Munte A Bawl hi

Kross A puaah ma in, Jesu'n A nungjuite chu sil hung tung diingte A hilh hi. Ama'n Pa Pathian silphatuam bawlsah suhtaangtunna diinga kross A puaah a ngai hi chih A hilh a, hizongleh nungjuite a lauthawng nalai uhi. Tuin amaute hamuanna diingin vaan tenna munte toh A hilhchian hi.

Johan 14:1-3 in hichiin a chi hi, "NA lungtang uh mangbangsah sih un; Pathian na gingta uh, Kei zong hung gingta un. Ka Pa innah umna tampi aum; umlou hileh ka hung hilh ta diing hi. Nang u'diinga mun bawla chiah diing ka hi. Huleh ka chiah a, nang u'diinga mun ka bawl leh ka hung kiit diinga, ka kawmah nanguh ka hung la diing; ka umna-a nanguh zong na um theihna diing un." A dihtahin, sihna leh thohkiitna zou in, mi tampi mitmuhin Vaan ah A kaltou hi. Tuin, 'Nou a diingin mun bawl in Ka chiah diing,' kichi umzia bang ahiai?

1 Johan 2:2 in hichiin a chi hi, "...Amah chu i sualnate diinga thuphatawina ahi; eiuh sualna chauh hilouin, khovel pumpi sual thuphatawina zong ahi." A kisoi bangin, koipouh in ginna toh Vaangam a luah thei hi, ajiahchu Jesu'n Pathian leh eite kala sualna baang A suchimta hi.

Huleh, Jesu'n, "Ka Pa inn ah tenna mun tampi a um hi," huleh hikhu in Ama'n koipouh hutdamna tang diingin A deih hi chih ahung hilh hi. Ama'n 'Vaangam' tenna mun tampi a um A chi sih a, himahleh 'Ka Pa inn ah,' A chi hi, ajiahchu Pathian chu 'Abba, Pa' chiin Jesu sisan luultah natohna tungtawn in i kou thei uhi.

Lalpa'n eite a diingin tawp lou in ahung ngetsah hi. Amah chu ne lou leh dawn lou in Pathian laltouphah mai ah kuhkaltahin A haamtei zing nalai hi (Matthai 26:29). Hih leitung a mihing chituhna a i gualzoh theihna diingun A haamtei a huleh i hagaute uh khangtousahin Pathian loupina A langsah hi.

Huban ah, mihing chituhna bei nunga Laltouphah Ngou Loupi Vaihawmna hun ahung tung chiangin, eite a diingin na A tong nalai diing hi. Vaihawmna inn ah koipouh chu a silbawl chih ah silbangkim tung a bawlkhelh neupen nasan zong thutanna bawl ahi diing hi. Hizongleh Lalpa chu Pathian tate gumtu in A pang diinga huleh hichiin a ngetsah diing, "Ka sisan toh a sualnate uh Ka sawpsiang hi," huchiin Vaangam ah tenna inn lawmman hoihzaw a mu diing uhi. Hih leitung a ahung kumsuh jiahin mihingte'n a phuuhkhiaah uh silbangkim Ama'n zong ahung tuaahkhaah veh jiahin, mihingte a diingin ukil bangin A soisah diing hi. Hih Khrist lungsiatna bangchiin an hesiam thei diai?

Pathian in A lungsiatna chu A Tapa neihsun Jesu Khrist ahung piaahna tungtawn in ahung hesah hi. Hih lungsiatna chu Jesu'n eite a diing A sisan mal taahkhe nunungpen tanpha hawi lou ahung piaah lungsiatna ahi. Hikhu chu a man umlou leh kiheng lou sagih vei sawmsagih ahung ngaihdamna lungsiatna ahi. Hih lungsiatna apat in koi in ahung khen thei diai?

Romte 8:38-39 ah, sawltaah Paul in hichiin a phuangkhia hi, "Ajiahchu sihna aha, hinna aha, angelte aha, lalnate aha, silbawltheihnate aha, sil umjingte aha, sil hung um diingte aha, Saanna aha, thuuhna aha, ahihlouhleh silsiam dang mawngmawngin zong i Lalpa uh Khrist Jesu-a um Pathian lungsiatna-a kipan ahung khen thei sih diing chih dihtahin ka he hi."

Sawltaah Paul in hih Pathian lungsiatna leh Khrist lungsiatna a hedoh a, huleh Pathian thu manna leh sawltaah banga hinna diingin amah ngei hinna a pedoh hi. Huban ah, Gentelte laha tanchinhoih soina diingin a hinna zong a hawi sih hi. Pathian lungsiatna hagau simseenglouhte hutdamna lampi a puitu a hinpih hi.

'Nazarene pawl a lamkaitu' chih a kouhin um mahleh, Paul in hinkhua zousiah thusoitu khat bangin a laankhia hi. Pathian lungsiatna khovel pumpi ah a thehdalh a huleh Lalpa lungsiatna buuhna dang teng sanga thuuhzaw leh lianzaw a thehdalh hi. Lungsiatna toh Daan subuchingtu Pathian ta dihtahte na hung hih a huleh Pathian lungsiatna leh Khrist lungsiatna kikoppih a, Jerusalem Thah a vaangam tenna mun kilawmpen a kumtuang a na um chu Lalpa min ka haamteina ahi.

A Gialtu:
Dr. Jaerock Lee

Dr. Jaerock Lee chu Muan, Jeonam Province, Republic of Korea ah 1943 kum in a piang hi. Kum sawmnih ahihnungin, Dr. Lee chu suhdamtheihlouh natna tampi kum sagih sung a thuaah a, huleh damdohna diing kinepna um lou in sih diing ngaah in, a um hi. Kum 1974 in khokhal laiin ni khat a sanggamnu'n biaahinn a pui hi huleh khupdin a a thum chiangleh, Pathian Hing in a natna jousiah apat in a damsah veh hi.

Hutobang siltuaah toh Dr. Lee in Pathian Hing a muh toh kiton in ama'n Pathian a lungtang leh a chihtahna jousiah toh a lungsiat a, huleh 1978 kum in Pathian suaah diing a kouh in a um hi. Ama'n Pathian deihzawng kichiantah a a heettheihna diing leh a suhbichintheihna diing leh Pathian Thute a man veh theihna diingin chihtahtahin a thum hi. 1982 kum in, Manmin Central Kouhtuam, Seoul, Korea ah a phutdoh hi, huleh Pathian natohna simseenglouh, limdangtah a suhdamna leh silmahte zong tel in, a biaahinn ah a tung hi.

1986 kum in, Dr. Lee in Korea a Jesus' Sungkyul Kouhtuam a Kumtawp Khawmpi ah pastor a ordained ahi a, huleh kum li zou in 1990 kum in, a thusoite Australia, Russia, Phillipines leh a dang tampi a Far East Broadcasting Company, Asia Broadcast Station, leh Washington Christian Radio System tungtawn in hahdoh ahi.

Kum thu zohin 1993 kum in, Manmin Central Kouhtuam chu Christian World tanchinbu in (US) in 'World's Top 50 Churches (Khovel a Kouhtuam Lian 50 te)' lah a khat in a teldoh hi huleh ama'n Honorary Doctorate of Divinity, Christian Faith College, Florida, USA apat a ngah hi, huleh 1996 kum in Kingsway Theological Seminary, Iowa, USA ah Ph. D in Ministry a la hi.

1993 apat in Dr. Lee in tuipi gaal lam gamte, Tanzania, Argentina, L.A., Baltimore Khopi, Hawaii, leh USA a New York Khopi, Uganda, Japan, Pakistan, Kenya, Philippines, Honduras, India, Russia, Germany, Peru, Democratic Republic of the Congo, leh Israel a chialpina a bawlna tungtawn in world mission ah lamkaihna a la hi. Uganda a chialpina bawlna chu CNN ah lah in a um hi, huleh Israel Chialpina, ICC, Jerusalem a a bawlna ah, Jesu Khrist chu Messiah ahi chiin a puang hi. 2002 kum in amah chu a tuipi gaal gamte a Great United Chialpinate a a nasepna jiahin "worldwide pastor (khovel pumpi pastor)" chiin Korea Khristian tanchinbute liante'n a minvoh uhi.

July 2016 tan ah, Manmin Central Kouhtuam in kouhtuam membar 120,000 vaal a nei hi. Gamsung leh tuipi gaal ah kouhtuam 9,000 khovel pumpi huap in a nei a, hu lah ah kouhtuam kahiang 54 Korea khopilian tuamtuam ah a um hi, huleh missionary 137 valte gam 23, United States, Russia, Germany, Canada, Japan, China, France, India, Kenya, leh adang tampi telin a sawldoh hi.

Hi lehkhabu kisuahdoh hun tan in, Dr. Lee in lehkhabu 63, a kizuaahdoh tampen (bestsellers) Sih Ma A Kumtuang Hinna Cheplawhna (Tasting Eternal Life Before Death), Ka Hinkhua Ka Ginna I &II (My Life My Faith I&II), (Kross in a Thusoi (The Message of the Cross), Ginna Buuhna (The Measure of Faith), Vaangam I &II (Heaven I & II), Meidiil (Hell) huleh Pathian Silbawltheihna (The Power of God), tel in a gial hi. A lehkha gelhte haam 73 valin lehdoh ahi.

A Khristian thugelhte, The Hankook Ilbo, The JoongAng Daily, The Dong-A Ilbo, The Munhwa Ilbo, The Seoul Shinmun, The Kyunghyang Shinmun, The Hankyoreh Shinmun, The Korea Economic Daily, The Korea Herald, The Shisa News, leh The Christian Press ah ahung tuang hi.

Dr. Lee chu tu leh tu in missionary pawl leh pawlpi tampi ah, A Lu (Chairman), The United Holiness Church of Jesus Christ; Lamkailian (President), Manmin World Mission; Lamkailian Hi Tawntung (Permanent President), The World Christianity Revival Mission Association; Mudohtu (Founder), Manmin TV; Mudohtu (Founder) & Board a, A lu (Chairman), Global Christian Network (GCN); Mudohtu (Founder) & Board a, A lu (Chairman), World Christian Doctors Network (WCDN); leh Mudohtu (Founder) & Board a, A lu (Chairman), Manmin International Seminary (MIS)te hihna a tu hi.

www.ingramcontent.com/pod-product-compliance
Lightning Source LLC
LaVergne TN
LVHW010205070526
838199LV00062B/4507